의식상승시리즈 4

누구도 상상하지 못하는

하늘이 일하는 방식

우데카 지음

목차

1부 하늘과 인간

2부 한 치의 오차없는 완전한 통제

5부

황금나팔 소리와 상위자아 티칭

6부

하는 거 봐서와 여시아문의 세계

7부
빛의 전사의 길

책을 펴내며

<의식상승 시리즈>를 읽기에 앞서

1. 이 책이 나오기까지

이 책은 우데카 팀장이 「빛의 생명나무」라는 카페를 통해 〈하늘이 일하는 방식〉에 대해 연재한 글을 재구성하여 펴낸 것입니다. 글이 시처럼 쓰여져 있기 때문에 처음 보는 분은 낯설게 느낄 수 있습니다. 그러나 우데카 팀장이 글을 쓰는 모습을 보면 그 이유를 알게 됩니다. 바쁜 일상 속에 잠시 짬이 나면 **낡은 폴더폰을 열어 한 땀 한 땀 수를 놓듯** 독수리 타법으로 정성스럽게 일필휘지[一筆揮之]로 글을 써내려가며, 퇴고 없이 바로 카페에 글을 올립니다. 글이 길어 화면에 잘리면 줄을 바꾸고 그렇게 하다 보니 우데카 팀장만의 독특한 스타일의 글이 나온 것입니다.

2. 저자 우데카 팀장은 누구인가?

'우데카'라는 필명은 3년 전에 **'우주의 섭리를 바로잡는다'**라는 뜻으로 하늘이 채널러[channeler]를 통해 내려준 이름입니다. 팀장님 말씀으로는 '굳이 싫다는데~' 하늘이 이름과 사명을 부여했다고 합니다.

우데카 팀장은 한 줄기 빛과 같은 분입니다. 하늘에 대한 믿음과 빛의 방식을 고집하는 그 분에게 세상의 부귀영화는 아무런 의미가 없습니다. 하늘과 소통하면서 어떨 땐 하늘과 맞서 싸우기도 하는 당당함을 보면 불경[不敬]한 것처럼 보이지만 '하늘이 일하는 방식'을 가장 잘 아는 분이라고 여겨집니다.

우데카 팀장은 9세 때 워크인walk-in, 영혼교체이 되면서 언어장애(봉인封印)가 생겨 12년 동안 말 한마디를 제대로 못하였습니다. 철저한 고독 속에서 끊임없는 내면과의 대화와 사색과 독서로 일찍부터 종교, 철학, 사상 등을 두루 섭렵하였습니다. 대학 1학년 때 말문이 열리기 시작하였고, 생이지지生而知之의 지혜와 지식으로 종교인, 교수, 한의사, 의사를 비롯한 일반인을 상대로 **기존관념을 깨는 파격적인 강의**를 시작하여 20여 년 동안 수많은 강의를 무료로 해오신 분입니다. 지금도 교안 하나 없이 하루종일 강의하는 것이 신기할 뿐입니다.

3. 「빛의 생명나무」에서 축적한 생생한 영적 체험담이자 대우주의 비밀

「빛의 생명나무」는 수많은 채널러와 영안이 열린 사람(홀로그래머hologramer)을 육성해 내고 있으며, 끊임없이 하늘과 소통하고 의식각성을 위해 공부하는 곳입니다. 우주와 신, 영혼과 종교, 인류의 역사와 미래, 인체의 신비와 한의학 세계 등 그동안 베일에 가려져 있었던 신비의 영역과 우주의 비밀을 하나하나 밝혀내고 있습니다.

하늘의 진리를 듣고 보면서 지금까지 그 누구도 접하지 못했던 놀라운 사실들에 스스로도 적잖이 놀라지 않을 수 없었습니다. 진리에 대한 철저한 검증을 위해 하늘의 소식이라 할지라도 메시지의 근원과 '진실도'를 항상 체크해야 한다는 것을 처음으로 밝힌 분도 우데카 팀장이었습니다. 수많은 시간을 하늘과 소통하며 공부하고 축적한 방대한 지식과 정보들 중 일부를 인류의 의식 상승을 위해 출판하게 된 것입니다.

이 책은 철학적 사유만으로 혹은 고전을 인용한 짜깁기식의 책이 아니라 **「빛의 생명나무」에서 있었던 생생한 영적 체험담이자 우주이법에 대한 진**

지한 탐구의 결과입니다. 본서는 진리에 목말라 하는 인류에게 최고의 선물이요 앞으로 경제공황과 자연재해를 속수무책으로 맞이할 인류에게 새로운 이정표가 될 것입니다.

4. 지금 우리는 어떤 시대에 살고 있는가?

지금 우리는 그 어느 때보다도 물질의 풍족함 속에서 살아가고 있습니다. 이런 현대인의 삶을 3차원적 삶이라고 말합니다. 눈에 보이는 물질과 그것을 뒷받침하는 과학이 이룩한 의식이라고 할 수 있습니다. 그러나 이 세상에는 보이지 않는 세계도 존재합니다. 영혼과 귀신, 한의학의 기의 세계 등은 보이지 않지만 엄연히 존재하는 세계이며 이들은 4차원 이상의 세계입니다.

우리가 사는 지구 행성은 3차원에 최적화되어 설계되었습니다. 눈과 귀로 보고 들을 수 있는 빛과 소리의 영역이 3차원적 세계로 제한된 것이 그 예입니다. 3차원을 사는 사람이 귀신 이야기를 하면 이상하게 보이는 것이 당연합니다. 이것은 차원의 차이에서 비롯된 것입니다.

그런데 하늘은 **이 시대가 '차원상승의 시대'**라고 전합니다. 3차원의 지구행성이 5차원으로 상승하는 변혁기라고 합니다. 90% 이상의 현대인들이 3차원적인 몸과 의식으로 살아가고 있는데, 지구행성은 5차원으로 껑충 도약을 한다는 것입니다. 하늘은 이제 광자대Photon Belt와 36가지 창조근원의 빛을 통해 인류의 몸과 의식을 깨우며 바빠지기 시작했습니다. 이 책 역시 지구의 차원상승과 대우주의 변화가 임박한 시점에서 어둠을 밝혀주는 생명의 서書이자 새로운 시대를 여는 하늘의 소리라는 시대적 사명을 갖고 있습니다.

하늘의 문은 참 좁습니다. 5차원의 문도 좁습니다. 우리의 의식을 3차원 물질에 대한 욕망과 집착을 내려놓고 사랑으로 채워야 합니다. 기존의 지구라는 '우물 안'을 벗어나 대우주의 일원으로 의식의 확장과 하늘과의 소통이 이루어져야 합니다. 내 것 네 것 따지고 옳고 그른 것을 따지는 자본주의와 사회적 정의에서 벗어나 너와 내가 하나 되는 전체의식과 빛과 어둠의 통합의식, 양심법에 따른 하늘마음을 키워나가야 합니다. 이것이 곧 의식의 상승이며 각성입니다. 이 책을 통해 대우주의 법칙에 눈을 떠 각자의 소임과 책임을 자각하고 지구의 5차원 문명을 여는 주역이 되시길 바랍니다.

5. 왜 「하늘이 일하는 방식」을 알아야 하는가?

인간사회의 부조리한 모습과 불평등한 모습을 지켜보면서 신을 원망하고 하늘을 원망한 적이 있지 않습니까? 분명히 나보다 나쁜 사람이 잘 먹고 잘 사는 모습을 보며 왜 신은 그를 벌하지 않는지, 도대체 하늘은 뭘 하는지, 정의가 있긴 한 건지 분노한 적이 있지 않습니까?

하늘과 인류는 단 한 순간도 분리된 적이 없으며 하늘의 치밀한 계획과 관리 하에 세상의 모든 크고 작은 일들이 펼쳐져 왔습니다. 인류의 역사 뒤에는 항상 하늘의 계획과 뜻이 있었으며 하늘이 준비하고 설계하고 인류가 배우로서 참여한 역사였습니다. **인류의 역사는 하늘이 계획한 시나리오에 따라 한 치의 오차 없이 완전한 통제 속에서 진행된 한 편의 우주 드라마이며 하늘과 인간의 공동작품인 것입니다.**

그러나 하늘은 인간이 상상하는 범위를 넘어서서 땅의 일들을 계획하고 집행하기에 3차원 물질세계에 갇혀있는 의식으로는 퍼즐의 한 조각도 맞추기 어려울 정도로 하늘이 일하는 방식은 이해할 수도 예측할 수도 없습니다.

하늘은 정의사회를 위해 존재하지 않으며 이상사회나 복지국가를 만들기 위해 존재하지 않습니다. 우리 가족의 건강과 평화를 위해, 나의 간절한 기도를 들어주기 위해서도 존재하지 않습니다. 하늘은 오직 하늘의 길을 스스로 정하고 그 길을 갈 뿐입니다. 우리가 **하늘이 일하는 방식을 이해할 때만이 인간사회의 모순과 불평등을 이해할 것이며** 하늘의 좁은 문을 열 수 있을 것이며, 더 나아가 이 땅의 피눈물 나는 **역사 속에 숨겨진 하늘과 창조주의 무한한 사랑마저 알아채고 눈치챌 것입니다.**

지구의 차원상승을 맞이하여 하늘이 준비한 빛의 일꾼 144,000명은 물질문명을 종결짓고, 종교의 통합과 새로운 5차원 정신문명을 건설하기 위한 의식혁명을 일으키는 역할과 사명을 완수할 것입니다. **본서는 바로 그 빛의 일꾼을 위한 책**이며 그들을 안내할 책이며 그들을 깨우고 무장하기 위한 책이 될 것입니다.

새 하늘 새 땅은
인간이 생각하는 방식의 개혁이 아닌
하늘이 주관하는
하늘이 일하는 방식으로 열릴 것이며
하늘의 순리를 따르는 자
하늘이 일하는 방식을 이해하는 인자人子만이
새 하늘 새 땅의 주인이 될 것입니다.

6. 본서는 어떻게 읽어야 하는가?

이 책의 내용은 처음 들어보는 새로운 이야기입니다. 문장 하나하나가 시처럼 되어 있듯 **이 책은 시집처럼 읽어주십시오.** 한 문장 한 문장을 음미하면서 정독精讀하고, 「빛의 생명나무」 온라인 카페도 가입하여 끊임없이

업데이트되고 있는 정보도 탐독耽讀하고, 「우주학교」 오프라인 강의도 들어 보시길 추천합니다.

이 책은 인간 내면에서부터 광활한 대우주까지 방대한 주제를 다루고 있습니다. 사람의 의식수준은 천층 만층 다양해서 결국 자신이 준비한 그릇 만큼밖에는 볼수 없는 것이 현실입니다. 그마저 비우지 않는다면 새로운 지식은 결코 담기지 않을 것입니다. 이 책은 기존의 지식과는 판이하고 심지어 당연한 것으로 믿어왔던 사실과 정반대의 진실이 곳곳에 복병처럼 숨어있기에 한두 구절에 걸려 선택의 기로에 서서 머뭇거리며 서성대는 많은 독자분이 예상됩니다. 그런 독자분을 위해 **내면의 영적 소리와 끌림에 귀 기울이시기를 기도드립니다.** 당신은 몰라도 내면의 끌림은 자꾸 이 책을 뒤적이게 할 것입니다.

7. 감사의 글

끝으로 처음부터 한결같은 마음으로 팀원들과 동고동락하며 이끌어 주시는 우데카 팀장님과 사랑과 자비, 연민 속에서 함께 하고자 마음을 내서 동참해주시는 「빛의 생명나무」 모든 회원님들께 사랑과 감사의 마음을 전합니다. 또한 언제나 저희와 함께 해주시는 가브리엘 그룹 천사님들을 비롯한 천상정부 천사님들과 수고해주신 수많은 천상의 고마운 분들께 감사와 존경을 표합니다. 끝으로 세상에 우연히 일어나는 일은 없듯이 이 책을 통해 앞으로 만날 독자분께도 깊이 감사드리며 **또 다른 〈의식상승 시리즈〉** 에서 다시 만날 것을 고대하겠습니다.

2016년 1월 25일

편집자

그 옛날 하늘빛처럼

하늘은 모든 사람에게 하늘이어야 합니다.
어떤 특정 집단이나 민족,
어떤 인종이나 어떤 계층을 위해 존재하는
특별한 하늘은 존재하지 않습니다.

모두가 다 아는 사실이지만
자신이 처한 집단이나
자신이 처한 상황논리 측면에서
모두가 하늘을 아전인수격으로 해석하며
하늘을 자신의 품으로 안고 싶어 하며
저마다 하늘의 뜻을 말하며
하늘을 빙자해 하늘의 뜻을 오염시키고
있지는 않습니까?

하늘을 이고 살고
하늘을 가슴에 품고 살 수밖에 없는 우리들에게
늘 시대정신으로 주어지고
시절인연으로 이어지는
생존의 문제와

희망의 씨앗을 뿌리기 위해
이제는
하늘이 일하는 방식을 올바로 이해해야 하는
절체절명의 위기를 맞이하고 있습니다.

이제는 때가 되어
오염되고
분열되고
불완전하고
왜곡되고
우리의 마음속에서조차 잊혀져 버린
하늘을
하늘이 일하는 방식을
하늘 스스로
제자리로 돌려놓을 조율의 시간입니다.

잠자는 하늘님이여
이제 그만 일어나요.
그 옛날 하늘빛처럼
조율 한번 해주세요.

- 한영애의 「조율」 중에서

하늘은 단 한순간도 잠자지 않았습니다.
하늘은 단 한순간도 여러분 곁을
떠난 적이 없습니다.
불완전하고
불공평하고
불합리해 보이는
삶이 모순처럼 보이는 모든 순간에
무지하고 어리석어 보이는
인간의 삶의 한 장면 한 장면 속에서
하늘은 늘 침묵 속에서
여러분을 지켜보았으며
여러분의 슬픔과 기쁨, 절망과 고통
모든 순간을 함께 만들고 창조하였습니다.
하늘과 인류는 단 한 순간도 분리된 적이 없으며
모든 순간을 함께한 참을성 있는 파트너였습니다.

지금은
영혼의 물질체험과 진화를 위한
3차원 물질행성인 지구가
우주의 프로그램 속으로 합류할
바로 그 때이며
이 시대의 시절인연이자
이 시대의 시대정신으로

그 옛날 하늘빛으로
조율되고 있는 중입니다.
그렇게 원망하고
그렇게 갈망하던
애절하게 부르던 그 하늘이
처절하게 도움을 청할 땐 무심한 하늘이
거대한 우주의 대순환의 수레바퀴 속으로
대우주의 질서와 대우주의 사랑 속으로
조율되고자 큰 용트림을 시작하고 있습니다.

이것을
어떤 이는 개벽[開闢]이라 하였고
어떤 이는 아마겟돈[Armageddon]이라 하였으며
어떤 이는 지구의 차원상승이라 하였으며
어떤 이는 '그날이 오면'이라 하였으며
어떤 이는 용화세계[龍華世界]라 하였으며
어떤 이는 '새 하늘과 새 땅'으로 표현하였습니다.

새로운 지구의 탄생을 위해
하늘은 하늘의 맨 얼굴을
인류 앞에 펼쳐 놓을 것입니다.
3차원 물질행성 중
물질(어둠)의 매트릭스[matrix]가 강한

이 지구행성에서 펼쳤던 내용들을
〈의식상승 시리즈2〉
「지구의 차원상승과 4차원 영계의 비밀」에서
미시적 관점으로 설명하였습니다.

거시적 관점에서는
「하늘이 일하는 방식」이라는
〈의식상승 시리즈4〉를 통해
하늘이 어떤 방식으로 인류의 삶 속에
함께 호흡하고 함께 하였는지
우주 철학과 원리를 설명하였습니다.

하늘이 일하는 방식을 알지 못하는 자
하늘의 좁은 문을 열 수 없으며
하늘이 일하는 방식을 알 수 없는 자
하늘의 이치를 알 수 없으며
하늘이 일하는 방식을 모르는 자
에고의 감옥에서
사바세계의 인연법에 갇히게 될 것이며
하늘이 일하는 방식을 모르는 자
우물 안 개구리의 행복을 누리며
자만과 교만을 내려놓지 못하고
자신만의 하늘을 모두에게 강요할 것입니다.

지혜로운 자에게
하늘의 뜻을 펼치고자 하는 자에게
이 시대정신을 완성하려는 자에게
이 지구를 사랑과 자비와 연민으로 가득 찬
5차원 정신문명으로 이끌 빛의 일꾼에게
격변의 시대를 맞이하여
본서「하늘이 일하는 방식」을
우데카가 선물로 전합니다.

귀 있는 자 듣게 될 것이며
눈 있는 자 보게 될 것입니다.

하늘은
하늘이 스스로 정한 그 길을 갈 뿐입니다.

그렇게 될 것이며
그렇게 될 것입니다.

2016년 1월 4일
우 데 카

1부. 하늘과 인간

하늘의 계획이 있기에
그것을 집행하는 천상정부가 있으며
하늘의 계획이 있기에
우주의 질서 속에
다양한 삶이 펼쳐지는 것입니다.

하늘의 계획이 있기에
아무것도 잘못되는 것은 없으며
인간의 삶은 자유의지 속에서도
완전한 통제 속에 있는 것입니다.

천장지구天長地久 ❖

천장지구(天長地久)

하늘과 땅은 길고 오래간다는 뜻으로 천지의 영원함과 유구함을 표현하는 말.

하늘은 길고 땅은 오래간다.
- 노자老子 「도덕경道德經」 7장 중에서

공간은 모든 것의 시작이며 근원입니다.

제1 창조근원은 공간을 주관합니다.
공간이 창조된 후 시간이 창조됩니다.

제2 창조근원(무한영)은 시간을 주관합니다.
공간과 시간이 창조된 후
파워와 힘과 방향성과 운동성이 나타납니다.

제3 창조근원(우주 아버지)은
운동성을 주관합니다.

시간과 공간 속에 운동성과 힘이 나타나자
그것을 포용할 수 있는
어둠이라는 물질이 창조됩니다.
우주는 물질과 반물질과 암흑물질로
이루어져 있습니다.
제4 창조근원은
어둠과 암흑물질을 주관합니다.

시간과 공간 속에 힘이 있으며
그 힘을 조율하고 포용하는
암흑물질 창조 후에 빛이 창조되는데
제5 창조근원(영원 어머니)이
빛의 세계를 주관합니다.

하늘과 땅의 영원함을
천장지구로 간파하고 있는
노자의 우주에 대한 깊은 통찰력에
존경과 감사함을 전합니다.

영원함이란 시간과 공간의 질서 속에서
펼쳐지는 원리인 것입니다.

우주의 질서 속에 법칙 속에 계획 속에
하늘이 있기에 땅이 있으며
하늘이 있기에 인간이 있으며
하늘이 있기에 내가 있는 것이며
하늘이 있기에 우리가 있는 것이며
하늘이 있기에 지구가 있는 것이며

하늘이 있기에 천상정부❖가 있는 것이며
하늘이 있기에 지역우주가 있는 것이며
하늘이 있기에 우주연방이 있는 것이며
하늘이 있기에 파라다이스가 있는 것입니다.

천상정부(天上政府)

지구행성의 모든 일을 관리·통제하는 하늘의 영적 정부. 지상의 행정부와 그 역할이 비슷하다 하여 붙인 명칭. 6차원에 12 천사그룹 중심으로 구성되어 있으며 가브리엘 천사가 대표를 맡고 있음.

불성무물不誠無物과 천지불인天地不仁

하늘이 있기에
너희가 있는 것이다.

하늘의 계획이 있기에
그것을 집행하는 천상정부가 있으며
하늘의 계획이 있기에
우주의 질서 속에
삶의 다양한 측면이 펼쳐지는 것입니다.

하늘의 계획이 있기에
아무것도 잘못되는 일은 없으며
인간의 삶은 자유의지 속에서도
완전한 통제 속에 있습니다.

하늘의 계획은
수백만 년이나 수십억 년까지도
거슬러 올라가며
하루아침에 단시간에 결정되지 않습니다.
144,000명 빛의 일꾼❖ 프로젝트도
250만 년이나 된 계획이며
지구가 어둠의 행성으로 전락한 것도
50만 년 전에 계획된 것이며

빛의 일꾼
지구 차원상승을 맞이하여 상승하는 영혼의 차원상승을 돕기 위해 희생·봉사하러 고차원에서 하강한 영혼으로 144,000명으로 알려져있음. (「144,000과 12 차크라」 참조

우데카팀에서 공부하는 데 필요한
소재 하나
사건 하나도
수백 년이나 수천 년 전에
수십 년 전부터 계획되고
프로그램되어 진행되고 있는 것입니다.

하늘의 계획이란
큰 그림 속에서 작은 그림들이
퍼즐처럼 맞추어지는 것과 같으며
삶은 큰 틀에서 프로그램되어 진행되지만
주기적으로 삶의 세밀한 부분까지
상위자아❖와 천상정부와 내 영혼에 의해
높은 차원에서 조율되고 조정되고 있습니다.
이 우주에서 우연히 일어나는 일은 없으며
무엇인가를 느끼고, 배우고, 체험하고
성장하기 위해 일어나는 것입니다.

하늘이 일하는 방식이란
큰 그림 속에 작은 그림들이 있으며
큰 계획 속에 작은 계획들이 있으며
전체의식의 패러다임 안에
분리의식을 통한 성장과 공부를 위해
3차원❖ 무대가 설치되어
운영되고 있는 것입니다.

상위자아(上位自我)

상위자아는 인간의 영적 주권자로서 빛과 어둠을 조율하여 인생 프로그램을 잘 이수할 수 있도록 관리·감독하는 보이지 않는 손임. 상위자아는 우주의 전체의식과 연결되어 있기 때문에 인간의 상위자아와의 교류와 합일을 통해 의식의 확장과 깨달음, 더 큰 세계로 나아갈 수 있음. (P78. 도해 참조)

3차원

우리가 사는 세계를 3차원이라고 하고 죽어서 가는 사후세계를 4차원 영계라함. 대우주는 존재의 진동수 대역과 그에 따른 의식수준에 따라 1차원 광물계, 2차원 식물계에서부터 창조주 하나님이 계시는 15차원의 파라다이스까지 다양한 차원으로 펼쳐져 있으며, 각 차원은 다시 12단계로 세분화됨.

하늘은 잠시도 쉬지 않으며
하늘의 법칙은
한 치의 오차도 허락하지 않습니다.

하늘의 질서는
완전한 통제 속에
완전한 조율 속에 이루어지는
불성무물不誠無物과
자강불식自强不息❖의 세계입니다.

하늘은 늘 하늘의 방식으로
대우주를 운행하고 있으며
하늘은 인간을 위해 존재하는 것이 아니며
모두가 모두를 위해
서로가 서로를 위해 존재하는
순환하는 생명력이며
곡신불사谷神不死하는 생명의 호흡이며
성인불인聖人不仁❖
천지불인天地不仁❖하는 생명의 순환이자
영혼들의 공부입니다.

그렇게 될 것이며
그렇게 집행되고 있으며
그렇게 운행되고 있으며
그렇게 되었습니다.

불성무물(不誠無物)과 자강불식(自强不息)
천지가 한날한시도 쉬지 않고 끊임없이 운행하는 공력(功力) 덕분에 만물이 생성(生成)하고 변화(變化)할 수 있음. 불성무물과 자강불식은 이러한 천지의 성품을 표현한 말.

불성무물(不誠無物)
성실함이 없다면 만물도 없다.

자강불식(自强不息)
스스로 굳세어 쉬지 않는다.

성인불인(聖人不仁) 천지불인(天地不仁)
'성인과 천지는 어질지 않다'라고 직역됨. 천지가 만물 중 어느 하나를 편애하지 않듯이 성인도 어느 한 사람만을 편애하지 않으며 늘 공정하게 임한다는 뜻. 노자에게 '인(仁)'은 무위자연(無爲自然)과 상반되는 개념이기 때문에 '불인(不仁)'이란 꾸밈없고 자연스러운 무위의 의미와도 상통됨. (「도덕경」 5장)

왜 세상은 이 모양 이 꼴인가?

인간사회의 부조리한 모습과
불평등한 모습과 인간의 욕망이 펼치는
삶의 불합리한 모습을 보면서
왜 우리 사회가 이 모양 이 꼴인지
우리 모두는 각자의 의식수준에서
하늘을 원망하고 신을 원망하고 사회를 탓하고
어떤 특정한 계급과 계층을 원망하며
의식과 무의식의 층위를 공유하며
서로가 서로에게 영향을 주고 있습니다.

우리 사회의 모습이 이렇게 모순되어 보이고
정의가 사라진 듯이 보이고
이렇게 나쁜 사람이 많이 있는데
왜 신은 벌하지 않고 있는지
분명 나보다 더 나쁜 생각
나보다 나쁜 짓을 더 많이 하고 사는 사람이
왜 이렇게 나보다 더 잘 살고 있는지
알 수도 없으며 이해할 수도 없을 만큼
모순되고 부조리한 사회가
지속되는 것에 대한 분노가 있을 것이며
하늘에 대한 분노와 원망 또한 있을 것입니다.

결론적으로 말하자면

우리 사회의 모든 모습은 겉으로 보기에는
인류 스스로가 창조해낸 것으로 보이지만
그 본질에 있어서는
하늘이 계획한 것이며
하늘이 설계한 것이며
하늘이 인류를 위해 펼쳐놓은 것입니다.

불합리하게 보이고
모순되게 보이는 것은
연극을 위한 무대의 설정인 것입니다.
이를 위해 주요 배우들 또한
준비되고 계획된 인물들이
투입되어 진행되고 있는
한편의 흥미진진한 연극무대인 것입니다.

모든 것은 하늘이 치밀하게
준비하고 계획하고 설계한
시나리오 속에서 완전한 통제 속에서 진행되는
한 편의 우주 드라마이며
하늘과 인간의 공동작품인 것입니다.

삶의 모순과 사회의 모순,
인간 욕망의 모순과
인간 제도와 문명이 모순되게
프로그램한 주체가 하늘이며,
이 지구는 인간의 참여를 전제로 한

무대 공간으로 기획되고 준비된
하늘의 정교한 작품이라는 것을 우데카가 전합니다.

어둠 속에서 빛을 찾아가는 과정이며
모순 속에서 질서를 찾아가는 과정이며
부조리한 욕망 속에서 사랑을 찾는 과정이며
고난과 역경 속에서
영혼이 진화하고 성장하는
우주학교의 프로그램 과정이며
기억의 망각 속에서 자신을 찾고
신성을 찾아 가는 과정이며
치열한 생존경쟁 속에서
우리 모두가 하나로 연결되어 있다는 것을
배우는 과정이며
전체의식으로 합류하기 위한
하늘의 정교한 프로그램입니다.

모든 것이 불합리하게 보이는 근본은
하늘에 있습니다.
하늘은 정의사회를 위해 존재하지 않으며
하늘은 이상사회나 복지국가를 만들기 위해
존재하지 않으며
하늘은 부강한 나라를 위해 존재하지 않으며
하늘은 우리 가족의 건강과 평화를 위해
존재하지 않으며
하늘은 나의 간절한 기도를 들어주기 위해

알파와 오메가 (Alpha and omega)

그리스어 알파벳의 첫 글자(A)와 끝 글자(Ω)로서 '처음과 끝', '완전함', '전(全)존재'를 상징함.

존재하지 않으며
하늘은 사원이나 사찰을 통해 섬김을 받기 위해
존재하지 않으며
하늘은 어느 한 민족의 중흥을 위해
존재하지 않으며
하늘은 오직 하늘의 길을 스스로 정하고
그 길을 갈 뿐이라는 것을 우데카가 전합니다.

인간사회의 모든 모순은
하늘이 만들고 제공한 것이기에
하늘이 일하는 방식을 이해하지 못하고선
인간의 문제를 풀 수 없으며
사회나 제도의 모순 역시 해결할 수 없습니다.

하늘은 모든 모순의 알파와 오메가❖입니다.
이 글을 읽고 있는 모든 분들에게 전합니다.
모든 모순을 이 지구에 펼쳐놓은 것 역시
하늘의 계획이었으며
그동안 그 배역을 위해 250만 년 동안
여러분 모두 수고하셨습니다.

영혼의 진화를 위해 설치해 놓은
3차원 물질문명이라는 우주학교가
문을 닫는 졸업식이 있을 예정이며
우주의 모든 문제들을
이 지구행성에 집결시켜 놓고

우주의 6번째 주기에서 발생한
모든 문제들을 지구라는 행성에서
해결점을 찾으려는 창조주의 계획을 위해

실험행성과 종자행성❖으로써
준비되고 계획된 행성 지구가
우주에서 갖는 비밀이며 이 비밀로 인해
지구는 다른 3차원 행성에 비해
12배 이상 어둠(모순)이 강한 행성이었음
또한 우데카가 전합니다.

하늘은 하늘이 정한 길을 프로그램대로
진행할 뿐입니다.
이것이 하늘이 일하는 방식이며
우주가 진화하는 방식입니다.
여러분은 각자의 긴 영혼의 여행과정에서
잠시 지구라는 간이역에 들려
지구행성에 설치된 프로그램을 이행하며
체험하며 공부하는 학생입니다.

서로를 이해하고 존중하세요.
여러분 모두가 전체의식 속으로 함께할
타임라인❖이 다가오고 있습니다.
삶을 즐기세요.
서로 사랑 속에서 늘 함께 하세요.
여러분 모두는 하나입니다.

실험행성과 종자행성

대우주의 발전과정에서 파생된 숱한 모순과 문제들로 우주의 발전과 진화가 한계에 부딪히자 이를 극복할 수 있는 해결책(solution)을 찾기 위한 실험행성으로써 지구가 선정됨. 또한 대우주에는 지구와 비슷한 행성이 수없이 많은데, 그들의 미래 역시 지구행성의 실험결과에 따라 결정되기 때문에 지구는 행성진화의 한 모델(model) 즉, 종자행성으로써 중요한 의미를 갖기도 함. 따라서 지구의 성공적인 차원상승은 대우주와 수많은 행성의 발전과 진화 여부를 결정하는 우주적인 사건이며 창조주의 최대 관심사임.

타임라인(timeline)

시간표. 천상정부에서 기획하고 프로그램한 미래에 일어날 지구의 운명 스케줄과 각 영혼의 인생 스케줄을 통틀어서 말함.

작은 그림과 큰 그림

하늘은 하늘이 스스로 세운 계획대로
프로그램대로 진행합니다.
이것이 인간의 입장에서 보면
말도 안되는 소리이며
인간의 자유의지가 사라지는 것입니다.
하늘이 또는 신이
이렇게 불합리하게 일을 처리할 리가 없다고
강한 저항과 분노를 품은 사람이
이 글을 읽고 있을지도 모릅니다.

하늘이 있기에 인간이 있는 것이고
하늘의 계획이 있기에
인간의 삶이 펼쳐지는 것이며
하늘의 뜻이 있기에
3차원 물질행성이 영혼의 학교로
운영되고 있는 것입니다.

인류는 상승하는 영혼이든 하강하는 영혼❖이든
모두가 봉인❖ 속에서 자신에게 주어진
작은 퍼즐 조각 하나만을
맞추어 살다가는 것이고
작은 그림들이 모여 전체의 그림이
완성되는 것입니다.

상승하는 영혼
하강하는 영혼

3차원 지구의 물질체험을 통해 상위차원으로의 상승(진화)을 추구하는 영혼을 상승하는 영혼이라고 함.
반면 하강하는 영혼은 상승하는 영혼들의 차원상승을 이끌어주기 위해 고차원에서 지구로 태어난 영혼.

봉인(封印)

'밀봉하여 도장을 찍는다'는 뜻으로 하늘이 인간의 능력과 에너지를 축소・제한하는 것. 그 능력을 사용할 때가 되면 상위자아와 천상정부의 합의 하에 봉인을 해제하게 되며 그때부터 그 사람(영혼)의 본모습이 드러나게 됨.

인류는 지금까지의 의식수준이
지구 대기권 밖을 넘어 서지 못하고 있으며
대우주 속에 있는 네바돈 은하❖의 변방인
지구행성에서 펼쳐지는 대우주의 계획을
인지하기 시작한 지가 얼마 되지 않았으며
의식수준이 매우 뒤떨어져 있는
어둠의 감옥행성으로써
우물 안 개구리처럼 어둠에서 제공되는
왜곡된 정보만을 접하면서
짙은 어둠의 물질문명을 체험하고 있는 것입니다.

네바돈(Nebadon) 은하

지구가 속해 있는 은하(지역우주)의 이름. 주관자(창조주)는 크라이스트 마이클 아톤이며 수도는 구원자별(Salvington).

큰 그림 속에 작은 그림들이 있으며
작은 그림 속에 또 작은 그림들이 있으며
작은 그림 속에 더 섬세하고 미세한
여러분의 일상생활이라는
프로그램이 작동되고 있는 것입니다.

인식과 의식의 한계 속에서
작은 그림만을 보고 살아온 인류에게
우데카가 이야기하는 대우주의 원리와
지구 대기권을 벗어나는 이야기들은
환영받기 어렵다는 것을 알고 있으며
그 비난의 중심에는
하강하는 영혼들 중 어둠의 배역을 맡은
일꾼들이 있음 또한 전합니다.
큰 그림을 보고 싶은 것은

모든 깨달음을 추구하는 사람의 열망입니다.
큰 그림 또한 아무에게나 보여주지 않으며
작은 그림 또한 아무에게나 보여주지 않으며
오직 역할이 있는 역할자에게만
허용되는 것이 우주의 법칙입니다.

작은 그림 속에 오래 있다 보면
자신이 작은 그림 속에
작은 인식의 틀 속에 있는 줄도 모르고
자꾸만 더 작아지는 인식의 오류를 범하며
인류는 지금까지 살아 왔습니다.

무속인에게 허가된 그림이
작은 그림인 줄 알고 있듯이
수많은 작은 그림들이 자신이 큰 그림을
보고 있다고 저마다 장담하고 있지만
허가된 사람이 아니면
하늘문은 열 수도 없으며
작동하지도 않을 것입니다.

큰 그림을 그리고 싶고 큰 그림을 보고 싶다면
스스로 큰 나를 만나십시오.
큰 나는 그대의 내면에 있는
신성을 깨우는 일이며
상위자아와 합일되는 것입니다.

상상력을 넘어서는 하늘이 일하는 방식

하늘이 3차원 지구행성을
어떻게 관리하고 유지하며
하늘이
인류 역사상 아무도 이해할 수 없었고
공개된 적도 없는 매트릭스matrix❖ 구조를
어떻게 운영하고 있는지는
〈의식상승 시리즈〉인
「차크라」와 「영계」 책에 잘 나와 있습니다.

지구는 천상에 의해 잘 운영되고
관리되고 있습니다.
그러나 이제 지구 문명의 물질 매트릭스 구조가
붕괴되기 시작하면 실루엣silhouette❖처럼
그 실체가 드러나게 될 것이며
그렇게 될 것입니다.

하늘은 인류가 생각하는
상식의 수준을 넘어 존재하며
하늘이 일하는 방식은 부모가
돌이 안된 자녀를 다루는 것보다
더 완벽하게 통제하고 있습니다.

하늘이 일하는 방식을 알아채고

매트릭스(matrix)

매트릭스는 인간의 생각, 감정, 행동을 근본적으로 규정하고 있는 틀이나 구조, 체계. 패러다임으로 해석될 수 있으나, 실체가 없는 가상현실, 홀로그램의 특성 또한 갖고 있음.

실루엣(silhouette)

윤곽 안이 단색으로 채워진 이미지를 말함. 그림자와 동의어로 간주됨.
18세기 유럽에서 검은 종이를 잘라 인물의 옆얼굴을 표현한 그림을 실루엣이라 한 것에서 유래. 밝은 배경에 사물이 회색으로 보이는 광경이나 물건의 형태 그 자체를 표현하는 말로 사용됨.

눈치채는 것이 의식의 각성입니다.
의식의 각성 없이는
하늘의 길을 보는 것이 아니라
자신이 보고 싶고

자신이 그렇게 믿고 싶은 대로 오염된
여시아문如是我聞❖의 세계가 펼쳐지는 것입니다.

세상에 우연히 일어나는 일은 없습니다.
모든 것은 개인의 큰 그림 속에
작은 그림들이 펼쳐지는 것이고
큰 계획 속에
작은 계획들이 펼쳐지는 것입니다.
세상에 우연히 일어나는 일이 없다는
말의 의미는 모든 것이
하늘의 완전한 통제 속에 있다는 것을 의미합니다.

완전한 통제를 진행하는 방법을 알고 나면
여러분은 기절초풍하게 될 것입니다.
귀신을 통해
어둠의 천사를 통해
가이드 천사를 통해
용들을 통해
수호신장을 통해
각자의 상위자아를 통해
홀로그램 영상을 통해

여시아문(如是我聞)

'나는 이와 같이 들었다'는 뜻으로 대승불교 경전의 첫 머리에 쓰는 말. 석가모니가 설한 법이므로 그대로 믿고 의심하지 않는다는 뜻.

하늘의 소리를 통해
수많은 거짓된 채널링 메시지를 통해
수많은 인연법을 통해 치밀하게 준비되고 있습니다.

완전한 통제 속에
하늘의 일은 진행되고 있으며
그렇게 준비되고 있으며
그렇게 시행될 것이며
그렇게 될 것입니다.

	빛의 매트릭스	중간계 매트릭스	어둠의 매트릭스
형상	격자망이 백색이고 전체적으로 하얀 순백색으로 빛남	격자망이 검은색이며 전체적으로는 약간 어둡게 보임	검은색 격자망이 촘촘하여 새까맣게 보임
원리	• 사랑과 긍정의 원리 • 영적 삶을 추구 • 전체성(oneness), 통합의식 • 자연법(양심, 天心) 중시	• 균형과 조화의 원리 • 중간적 위치를 지향 • 기회주의, 은둔형 재야인물	• 사회적 정의와 부정(否定)의 원리 • 물질적 풍요를 지향 • 이원성(duality), 분리의식 • 법과 사회제도 중시
작용	상위자아, 빛의 천사 가이드 천사, 용, 수호신장	빛과 어둠 양쪽 임무 수행 가능	어둠의 천사, 귀신, 사탄

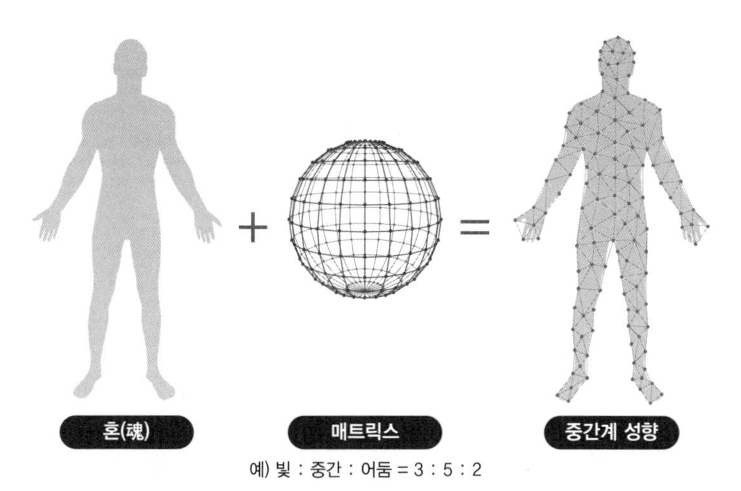

예) 빛 : 중간 : 어둠 = 3 : 5 : 2

마음을 지배하는 매트릭스의 비밀

사람마다 매트릭스의 구성이 다르며 그 매트릭스에 따라 빛과 어둠의 에너지체들이 감응하여 인간의 생각과 행동이 일정한 패턴으로 나타납니다. 매트릭스는 카르마와 인연법 그리고 영적 진화 과정상 필요에 의해 최적의 구조가 결정됩니다.

죄와 카르마의 관계

영혼의 여행이라는 거시적 관점에서 보면
죄라는 것은 없습니다.
죄라기보다는 자신의 의식수준에서
가지고 있는 원한이나 분노, 후회
잘못한 것에 대한 회한이 있을 뿐입니다.

자신의 목적을 이루기 위해
타인을 해롭게 하거나 심지어
죽음에 이르게 하거나
직접적으로 살인을 한 경우에도
그 사회적 관념 속에서 통용되는
3차원적 제도나 법률적인 문제는
피할 수 없이 처벌받아야 하고
죄인으로 낙인찍히고
죄의식으로 인해 괴로워할 수밖에 없는
현실적인 문제는 존재하지만
그것을 우주에서 죄라고 하지는 않습니다.

그 시대의 관점으로는
비난과 비판의 대상이 되거나
죄의식을 형성할 수는 있지만
우주에서는 죄라고 하지 않습니다.

우주에는 3차원 의식에서 이야기하는
죄라는 개념은 존재하지 않습니다.
물질세계의 경험을 통하여
영혼의 성장과 진화가 이루어지는 측면이 있으며
모두가 배움을 위해 존재하는 체험이며 무대이며
우주학교에서 발생한
문제점과 시행착오일 뿐이며
이것을 우주에서는 카르마karma❖라고 합니다.

카르마(karma, 업業)

몸과 입과 뜻으로 짓는 선악의 소행 혹은 전생의 소행으로 말미암아 받게 되는 응보(應報). 천상 프로그램에 의해 쌓은 공적(公的) 카르마와 자신의 자유의지로 지은 사적(私的) 카르마로 구분됨.

카르마는 개인의 자유의지를 침범하거나
전체의식 속에서 분리되면서 발생합니다.
내 영혼의 공부를 하다가 발생한 문제는
개인의 카르마로 남게 되고
윤회의 수레바퀴가 도는 동안에
인연법에 의해 서로의 입장을 바꾸어 가면서
갚아야 하는 것이 우주의 법칙입니다.
3차원의 것은 3차원 법률에 의해
처벌받으면 해결되지만
개인 간에 발생한 카르마는 소멸되지 않으며
두 사람 간에 간접적이든 직접적이든
인연법에 의해 만나서 해결해야 할 뿐입니다.

3차원에서는 죄라 부르고
우주에서는 카르마라고 부를 뿐입니다.
죄는 어떤 초월적인 존재가
대신 용서할 수 있는 것이 아니며

신이라고 해서
용서할 수 있는 것이 아닙니다.
창조주라 할지라도
개인의 카르마에는 직접 관여하지 않으며
오직 우주의 법칙과
카르마 위원회의 평가와 판결에 따른
인연법이 존재하고 있을 뿐입니다.

죄의식을 조장하고
죄의식을 이용해서
종교라는 괴물을 탄생시킨 인류는
죄에 대한 우주적 시각을 갖지 못한 채
죄의식에 시달리다
천당과 지옥을 만들어 냈습니다.
우주에는 실제로 존재하는
천당과 지옥은 없으며
죄 또한 없습니다.
자신의 내면에 존재하는
영혼은 이것을 알고 있기에
진정한 용서는 남이 해주는 것이 아니라
나 자신이 나를 용서해 주는 것입니다.

어떤 우주적인 존재도
나의 허물과 죄와 죄의식을
용서할 수 없습니다.
그들의 권위와 법력에 의탁한다는 것 또한

무의미한 것이며
오직 카르마와 인연법의 법칙에 의해
존재할 뿐입니다.

집단적 카르마나
민족적 카르마나
행성의 카르마나
우주의 카르마 역시 있는데
이것 또한 누군가가 용서해서
없어지는 것이 아니라
카르마를 해소하는 과정을 통해서만
우주의 법칙과 섭리에 의해서만
해결할 수 있을 뿐입니다.
3차원의 법보다 더 무섭고 공정하고
냉정한 것이 우주의 법칙입니다.

죄는 인간이 짓고
신은 죄를 용서해 주는 존재가 아니라
서로가 서로에게 한 일을 역으로 겪으면서
서로를 이해하고 더 깊게 사랑할 수 있도록
배려하는 것이 신의 사랑인 것입니다.
죄라는 것은 없으며
카르마가 존재할 뿐입니다.
신의 사랑은 바로 이런 것입니다.

신을 더 이상 누군가의 죄를 사해주는 존재로

여기지 마십시오.
신은 그저 당신이 만나는 모든 사람이
다 당신이라는 것을 알 때까지
우리 모두가 하나라는 것을 기억할 때까지
전체의식으로 하나가 될 때까지
삶을 통해 배울 수 있는 매트릭스 구조를
설치해 주고 있을 뿐입니다.

죄는 없습니다.
그렇게 생각하는 당신의 마음만이
거기에 있을 뿐입니다.
모두가 배움의 과정이며 축복이며
삶은 신의 선물입니다.
죄가 없으니 죄의 심판 또한 없습니다.
다만 카르마와 인연법이
당신의 영혼의 성장을 위해
축복 속에 있을 뿐입니다.

영원 어머니와 큐피드 화살

큐피드(Cupid) 화살

큐피드는 로마신화에서 사랑의 신이며 '이성간의 사랑'을 뜻함. 그리스 신화에서는 '에로스(Eros)'라고 함. 큐피드 화살을 맞으면 인간이든 신이든 누구나 사랑에 빠진다고 함.

우주의 삼위일체(三位一體)

우주는 제1창조근원(창조주)에 의해 공간이 열리면서 태동되었고 그 뒤를 이어 제2창조근원(무한영)에 의해 시간이 열림. 제3창조근원 (우주아버지,에너지), 제4창조근원(어둠의 근원), 제5창조근원 (영원어머니,빛)에 의해 우주가 자리를 잡았으며 특히 무한영, 우주아버지, 영원어머니를 삼위일체 창조근원이라고 함.

신화로 전해 오는 큐피드 화살❖은
우주의 삼위일체❖ 중에서
영원 어머니가 주관하시는 계획이며
3차원에서 일어나는 이성 간에 발생하는
3차원적 사랑의 출발점이기도 합니다.

인간은 실존주의 철학에서 말하는 것처럼
지구라는 척박한 환경에
내던져진 존재가 아닙니다.

인간에게는 태어나서 죽을 때까지
반드시 겪어야할 인생 프로그램이 있으며
그 프로그램을 이루어내기 위해
작은 프로그램 또한 수없이 존재합니다.

육체를 가진 인간이 결코 자유롭지 못한
남녀 간의 사랑,
성욕과 애욕의 문제는
그 사람에게는 큰 프로그램입니다.
인류는 인생의 여정에서 시련과 고통을 겪으면서
의식의 성장과
영혼의 진화를 이루어내야 하기 때문에
여러분은 영혼의 여행을 위해

3차원으로 에너지를 다운하여
이곳 지구에 태어나 살고 있습니다.
앞으로도 수많은 영혼의 진화 여행이
우주 곳곳에 준비되어 있으며
여러분의 의지와 상관없이
그렇게 될 것입니다.

남녀 간의 사랑이라는 행위 역시
개인 간의 사랑의 의미인 동시에
우주적 사랑으로 확장할 수 있습니다.
두 남녀가 서로 호감을 느끼고
육체적인 사랑을 나눈다는 것은
우주에서 우연히 일어나는 것이 아니라
필연의 법칙 속에 준비된 프로그램이
작동되는 것입니다.

그것이 불륜이든 퇴폐적인 관계이든
낭만적인 사랑이든
정신적인 사랑이든
남녀 간 사랑의 행위 뒤에는
프로그램이 준비되어 있기에
우연한 남녀 간의 만남은 있을 수 없습니다.

이 만남 속에는 우주의 카르마와 프로그램된
인연법과 카르마의 그물망 속에서
우연을 가장한 필연이며 끌림이며

판도라의 상자 (Pandora's box)

판도라가 열지 말라는 뚜껑을 열었더니 그 속에서 온갖 재앙과 재악이 뛰쳐나와 세상에 퍼지고, 상자 속에는 희망만이 남았다는 그리스 신화의 상자. 뜻밖의 재앙의 근원을 말하기도 함.

일어날 일들이 일어나고 있는 것입니다.
그래서 그것이 우주적인 사건이며
두 남녀가 사랑이라는 행위를 빙자하여
두 사람 간의 인연법과 카르마에 바탕을 둔
판도라의 상자❖가 열리는 것입니다.

영원 어머니가 주관하시는
큐피드의 화살이 바로 하늘이
지상에 있는 인간의 사랑이라는 감정까지
완전하게 관리하고
완전하게 통제하는 그 비밀이며
주로 5차원에 있는
천사들이 담당하고 있습니다.

짝사랑은 사랑의 본질을 공부하기 위해
한 사람에게만 큐피드의 화살을
일방적으로 쏴주는 것이며
각종 남녀의 사랑에는 양쪽 다 큐피드의
화살이 명중된 것입니다.
화살의 개수가 많을수록
인간이 느끼는 사랑의 감정과 성적 욕망이 증가하여
아무리 사회적으로 금기시 하더라도
빤스를 내릴 수밖에 없습니다.

화살 4개 이상을 견딜 수 있는 사람은 없으며
화살 5개 이상을 맞으면

의처증이나 의부증으로 나타납니다.
부부 간에 해원할 것이 많거나
두 사람이 헤어지는 프로그램이 아닌 경우는
지속적으로 화살을 통해
관리를 해주고 있습니다.
'살'맛 나는 세상을 이야기하는
탄트라Tantra❖의 세계는
인간의 욕망으로 이룰 수 있는 것이 아니라
오직 두 사람 간에
보이지 않는 세계에서 준비되고 승인된
탄트라의 프로그램이 있어야 가능합니다.
그들은 같이 있기만 해도
큐피드의 화살이 자동적으로 작동되며
관계 시에는 그 숫자가 급증하게 되어
탄트라의 세계를 경험하게 되는 것입니다.

큐피드의 화살에는 유효기간이 있어
남녀의 사랑과 이별 또한
하늘의 완전한 통제 속에 있음을
인지하시기 바랍니다.
인간세상에서 일어나는 그 모든 것들은
완전한 관리와 통제 속에서 일어나고 있으며
예측 가능한 범위 안에서
일어나고 발생하고 있는 것입니다.

탄트라(Tantra)

7세기경 힌두교 내에서 베다의 브라마니즘에 반대하는 종파가 나타났는데, 탄트라는 그들의 신앙과 관련된 경전을 지칭함. 넓은 의미에서는 '성력(性力)'을 교의의 중심으로 하는 여러 종파의 경전을 총칭함. 불교에서는 '밀교(密敎)'라고 함. 그들 역시 해탈을 목표로 하지만 그에 이르는 방법에는 차이가 있음.

세상사 허무함을 그대들은 아는가?
사랑마저도
내 마음마저도
내 생각마저도
내 의식과 무의식과 잠재의식까지도
철저한 관리 속에 있음을
그대 낭만적인 영성인과 종교인과
무속인과 지식인은 알고 있는가?

그대는 그대의 자유의지로 착각한 채로
살고 있지만
모두가 영혼의 진화와 성장을 위한
준비된 각본대로
준비된 무대 위에서
그대들이 살아가고 있는 이 세상은
모두가 홀로그램이며 한바탕 꿈이 아니겠는가?

의식의 잠이 깨어야
이것이 꿈인 줄 알 것이며
모두가 기억을 봉인한 채로
너무나 사실같은
너무나 현실같은 3차원의 삶을
체험하고 있다는 것을 알게 될 때
그대들은 이곳 「빛의 생명나무」에
둥지를 틀 것이며 하강하는 영혼으로서

빛의 일꾼과 빛의 전사로서
그 역할을 하게 될 것입니다.

어여들 잠을 깨시게나.
때가 되어
황금나팔 소리❖가 진동하고 있지 않은가!
땅이 갈라지고
하늘에서 불벼락이 내리고
바이러스난으로 생명들이 낙엽지듯 떨어지고
대홍수가 일어나고
대공황이 발생하고
종교들이 붕괴되어야 깨어나겠는가?

어여들 깨어나시게나 !!!

황금나팔(golden trumpet) 소리

황금나팔 소리는 3차원 인류들에게 하늘이 주는 메시지나 경고를 통칭하는 말.

큐피드 화살과 카르마 해원

이성간의 만남에도 우연은 없습니다.
만나야 할 때가 되어
만나서 풀어내고 해원하고
새로운 카르마를 생성하기 위해
준비되고 계획된
보이지 않는 에너지 법칙에 의해
사랑이라는 감정을 느끼게 해주는
장치가 있는데 이것을
'큐피드의 화살'이라고 합니다.

원수끼리 외나무다리에서 만나게 하기 위해
다른 출구가 없는 외길에서 두 사람이
반드시 열어야 하는
판도라의 상자를 열기 위해
두 남녀는 사랑이라는 감정을
느끼고 공유해야 하며
뜨거운 육체적인 사랑을 동반하게끔
유도하는 것이 화살의 정체입니다.
인간을 잠시 망각의 샘물로 안내하여
모든 사회적인 장애물과
종교적인 금기의 틀과
스스로 양심이라 믿고 있는 그 틀까지도
잊어버리고 사랑을 나누게 하는

아주 효험 있는 화살이기도 합니다.
계산 잘하기로 소문난 노처녀가
장고長考 끝에 악수惡手를 두는 이유가 여기 있으며
이 사람과 저 사람 중에
이 사람이 마음에 와 닿아
콩깍지를 씌우게 하여 결국에는
판도라의 상자를 열게 해주는 역할까지
큐피드의 화살은 3차원 현실에서
매우 다양하게 활용되고 있습니다.

큐피드 화살은 사랑이라는 감정 또한
호모 사피엔스❖의
많은 에너지 변화들 중에 하나이며
그 감정을 체험하면서
다양한 프로그램을 진행하고
인연법을 만들어 가는 중요한 방편으로
존재하는 것입니다.
이것이 인연법을 만들어 가는
중요한 방편이며
이러한 보이지 않는 세계의 규칙에 의해
사랑이라 느끼는 내 감정마저도
이렇게, 이렇게
운영되고 관리되고 있는 것입니다.

큐피드 화살의 비밀을 간파한 사람은
인연법과 카르마의 법칙을 다루고 있는

호모 사피엔스 (homo sapiens)

'슬기로운 사람'이라는 뜻의 현생인류의 모델명이나, 차원상승 시에는 뇌 용량의 부족으로 인해 5차원 학문인 펜타고닉스(pentagonics)를 수용할 수 없기 때문에, 새로운 호모 아라핫투스(homo arahattus) 인종으로 5차원 지구를 이끌어갈 예정임.

하늘과 인간이 잠시도 분리되어 있지 않음을
알 수 있을 것이며
내 삶이 나 혼자만의 삶이 아니고
하늘과 내가 공동으로 창조한
삶이라는 것을 알 수 있을 것입니다.
이렇게 하늘과 인간은
늘 함께하는 공동운명체이며
하늘과 여러분의 삶은 하나입니다.

이렇게 하늘은 이 세상에 관여하고 있었으며
나의 삶은 한 번도
하늘과 분리되어 있지 않았습니다.
이것은 변함없는 우주의 진실이며
앞으로도 그럴 것입니다.

하늘은 이렇게
아무도 모르게
아무도 모르게
에너지로서 인류의 삶에 관여하고 있었으며
불합리해 보이고 모순되어 보이지만
그 속에서 영혼은 체험하고 공부하며
진화하고 있으며
우주 또한 진화하고 있습니다.

인류는 하늘의 완전한 관리와

통제 속에 있으며
당신의 삶 속에 늘
하늘이 함께하고 있다는 것을
베일이 벗겨지듯
벗어내는 것이 깨달음이며
영적인 성장이며
매트릭스에서 깨어나는 것입니다.

사랑의 허망함을 아는 그대여
이 세상을 빛으로 밝히기 위해 온
하강하는 영혼이여!
이 세상의 허무함을 알고 있는
오래된 영혼이여!
이 세상에 아무것도
당신을 만족시킬 것이 없음을 기억하세요.

오직 진리만이
그대의 마음을 움직일 때가 올 것이며
그때를 위해 하늘은
그대의 의식이 깨어남을
기다리고 있을 뿐입니다.

그때가 지금입니다.

큐피드의 화살과 사랑 방정식

남녀 간의 사랑에도 우연은 없습니다. 첫눈에 반하는 즉흥적인 사랑조차도 카르마와 인연법에 의해 하늘의 천사가 적절한 타이밍에 큐피드 화살을 쏴주는 것입니다. 화살 끝 꼬리표에 대상자 이름이 적혀 있어서 화살을 맞은 사람은 그 대상자를 사랑하게 됩니다.

이런 방식으로 전생의 원수끼리 만나서 결혼을 하고 자녀를 낳아 가족이라는 울타리 안에서 카르마를 풀게 되는 것입니다.

화살의 유효기간은 약 1주일입니다. 결혼생활을 관리해주는 별도의 천사 그룹도 있습니다. 헤어지는 프로그램이 아니라면 지속적으로 화살을 쏴서 관계를 유지시켜 줍니다. 그러다 카르마가 해소되어 헤어질 때가 되면 더 이상 화살을 쏘지 않겠죠? 물론, 이 모든 관리는 본인의 상위자아의 동의에 의해 이루어집니다.

큐피드의 화살 개수와 그에 따른 감정의 변화를 살펴보겠습니다.

1개를 맞았을 경우
상대가 멋있고 참신하고 인상이 좋아 보입니다.
호감이 가는 단계입니다.

2개를 맞았을 경우
심장 박동이 슬슬 빨라집니다.
1.5배에서 2배까지도 빨라집니다.
호르몬 분비가 증가되며 은은한 기쁨이 올라옵니다.
문득문득 하루에 한두 번 정도 생각납니다.

3개를 맞았을 경우
뜨거운 사랑의 감정이 올라옵니다.
'내가 왜 이러지?'할 정도로 수시로 생각나서
업무수행에 차질이 생기기 시작합니다.

집중력과 판단력이 흐려지며
질투와 시기심도 함께 올라옵니다.

4개를 맞았을 경우
감정과 생각의 조절 능력이 상실되며
업무수행이 불가능합니다.
이성이 감정을 이기지 못합니다.
사랑을 고백하지 않고는 참기 힘든 상태가 됩니다.

5개를 맞았을 경우
감정의 노예가 된 상태입니다.
정상적인 수면이 불가능하며 꿈속에도 상대가 등장합니다. 심할 경우 스토커(stalker), 의부증(疑夫症), 의처증(疑妻症)이 생길 수 있습니다.

6개를 맞았을 경우
정신착란이나 정신분열이 일어날 정도가 됩니다.
이쯤 되면 너무 위험해서 상승하는 영혼에게는 쓰지 않습니다.

그럼 왜 큐피드의 화살을 쏘는 걸까요?
한 이성에 대한 사랑을 전 인류에 대한 보편적 사랑으로 승화시키라는 영원어머니의 따뜻한 배려입니다.

큐피드의 화살과 경국지색(傾國之色)을 이용하여 인간의 역사를 완벽하게 통제하고 있는 것 또한 인간의 상상력 너머에 있는 하늘이 일하는 방식입니다. 중국 역사상 대표적인 폭군인 하(夏)나라 걸(桀)왕과 상(商)나라 주(紂)왕은 각각 말희와 달기라는 미녀에게 큐피드 화살을 맞고 결국 망국의 한을 남겼습니다.

atlantic
ocean
GREENLAND
SEA
ICELAND
Reykjavik
NORWEGIAN
SEA
NORWAY
Trondheim
Bergen
Stavanger
Oslo
Stockholm
Sundsvall
Aberdeen
Dublin
North
Sea
FRANCE
Paris
Brest
Bordeaux
Lyon
Bilbao
Andorra
Madrid
Marseille
Barcelona
Valencia
Ibiza
Palma
Ajaccio
Cagliari
Roma
Napoli
Bari
Palermo
Tunis
Valletta
San Marino
Amsterdam
Frankfurt
München
Mediterranean

2부. 한 치의 오차 없는 완전한 통제

완전한 통제란
완전한 프로그램입니다.
그것의 집행을 위해 하늘이 있는 것이고
그 하늘이란 바로
대우주의 질서를 말하며
창조주의 의지입니다.

창조주의 신성한 의지는
사랑으로 집행될 것이며
사랑과 자비와 연민의 에너지가
지구의 대격변과 맞물리면서
한 치의 오차 없이
지구에 펼쳐질 것입니다.

완전한 통제란?

이 우주에서 잘못되는 것은 아무것도 없습니다.
모두가 영혼을 위한 배움이고
모두가 영혼을 위한 성장이고
모두가 영혼의 진화를 위한 과정입니다.

삶이라는 극적인 연극이 시작되기 전에
개인의 대본이 쓰이고 대본이 조율되며
대본이 최종적으로 각색되면서
영적 진화의 개체성이 드러나는
3차원 삶이 시작되는 것입니다.

삶이라는 연극 대본은
자신의 영혼과 상위자아, 천상정부
삼자 간의 조율과 조정 작업을 거치면서
최종적으로 결정되며 이 시나리오대로
삶이 전개되도록 지휘, 감독하는 존재가
바로 하늘입니다.

하늘이 나에게
아무것도 해주는 것이 없는 것처럼 보이지만
사실은 자신의 시나리오대로 잘 살고 있는 것이며
하늘은 하늘의 방식으로

잘 집행하고 있는 중입니다.
때때로 자신의 자유의지❖마저도
삶의 프로그램❖에 밀려나거나
제약되는 경우도 발생하게 됩니다.

그냥 사는 삶은 없습니다.
한 순간 한 순간 그냥 의미 없이 일어나거나
존재하는 것이 아니라
그 한 순간의 오늘을 위해
하늘에서는 짧게는 30년에서 300년 혹은
3천 년 전부터 준비되고 있으며

길게는 3만 년이나 300만 년 혹은
그 이상의 타임라인timeline에 따라
계획하고 준비했던 일들이
지금 이 순간
자신에게 일어나고 있는 것입니다.
이것이 바로 완전한 통제의 한 측면입니다.

완전한 통제란
완전한 계획과 준비를 말하며
하늘이 일을 계획하고 집행하는
일련의 과정과 절차를 말합니다.
하늘이 일하는 방식은
3차원의 의식으로는 감히 이해할 수도

자유의지와 프로그램

인간의 자유의지는 100% 보장된 것이 아님. 자신이 이번 생에 프로그램하고 나온 목표치를 달성하기 위한 과정이 우선이며 그 과정을 제외한 나머지 부분에서만 자유의지가 보장되는 것임. 대략적으로 빛의 일꾼은 운명 65%, 자유의지 35%, 일반인은 운명 50%, 자유의지 50% 정도로 설정되어 있음.

상상할 수도 없는 것들이 대부분이며
그 끝자락과 모퉁이를 보면서
추측할 수 있을 뿐입니다.

대우주의 신성한 계획 속에
한 개인의 삶이 펼쳐지는 것이며
한 행성의 진화 프로그램이 있는 것이고
수많은 태양계들의 프로그램이 있으며
항성계들의 프로그램이 있는 것이며
이들을 관리하고 프로그램을 집행하는
천상정부(하늘)가 수없이 존재하고 있습니다.
은하는 은하의 프로그램이 있으며
초우주와 대우주 또한
계획과 집행이 있습니다.
대우주가 질서 속에 운행된다는 것은 바로
창조주의 완전한 통제 속에
순행되고 있다는 것을 의미합니다.

완전한 통제란
완전한 프로그램(시나리오)입니다.
그것의 집행을 위해 하늘이 있는 것이고
그 하늘이란 바로
대우주의 질서를 말함이며
창조주의 의지입니다.

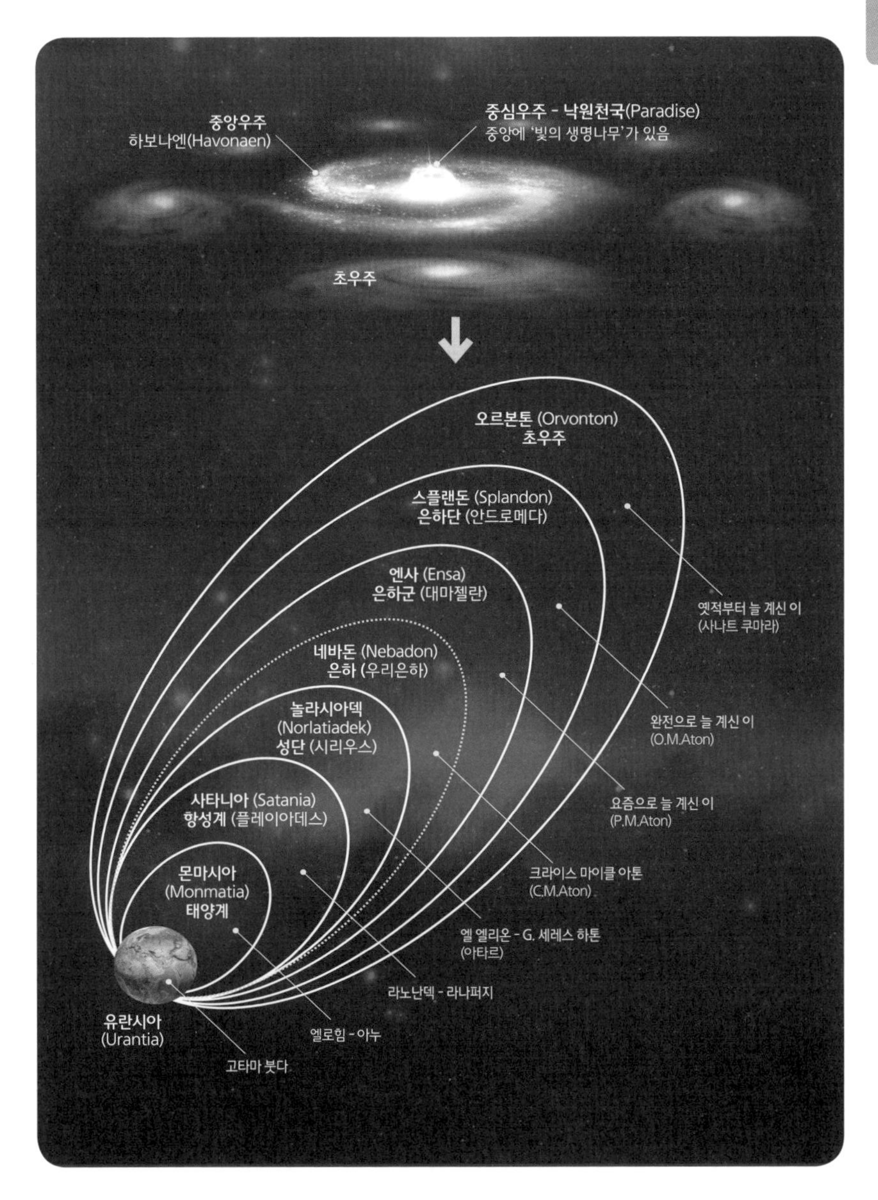

대우주의 구조와 네바돈(Nebadon) 은하

대우주의 중심에는 낙원천국인 파라다이스가 있고, 그 둘레로 중앙우주인 하보나엔이 있습니다. 하보나엔의 바깥으로 12개의 초우주가 있는데, 우리가 속한 초우주는 7번째 오르본톤입니다. 우리 은하인 네바돈은 나선형의 신생은하로 C.M.아톤(Aton)에 의해 창조되었고, 수도는 구원자별(Salvington)입니다. 지구는 우리 은하에서도 가장 낙후된 곳 중의 하나이지만 실험행성으로써 가장 주목받는 행성이 되었습니다.

빛과 어둠의 매트릭스

하늘은 빛의 일만 계획하고 집행하는 것으로
알고 있다면 그것은 대단한 착각입니다.
하늘은 빛의 방식과 어둠의 방식을
구분하지도 차별하지도 않은 채
빛의 매트릭스와 어둠의 매트릭스를
공부하기 위한 과정으로,
3차원 물질체험을 위한 공부과정으로
빛의 과정과 어둠의 과정을 운영하고 있으며
연극을 연극답게 하기 위해
수많은 극적인 장치들을
설계 또는 설치하여 운영 중에 있습니다.

빛의 과정을 유지하고 보수하고 관리하는
천상정부의 부서가 따로 존재하고
이것을 실행하는 지상의 요원들이
144,000명의 빛의 일꾼과
1억 2천만 명의 헤요카 그룹이며
또한 그들을 하늘사람이라고도 말합니다.
용과 수호신장과 빛의 천사가
빛의 매트릭스 속에서 봉사하고 있습니다.

어둠의 과정을 유지하고 보수하고 관리하는

천상정부의 부서 역시 따로 존재하고
이것을 실행하는 지상의 요원들이
어둠의 형제들 또는 어둠의 역할을 맡고 있는
천상정부 소속 천사들이며
이들을 귀신이나 사탄, 천마
24만 명의 루시엘 지파❖
1억 2천만 명의 데니카 그룹❖이라
부르고 있습니다.

빛의 역할과
어둠의 역할로 나뉘어
봉사하는 천사들은
하늘에서는 서로 분별없이
자신이 맡은 역할을 충실히 할 뿐이지
어떠한 충돌이나 갈등 없이
상호간의 협력과 지원 속에서
천상정부의 완전한 통제 속에서
단일의식과 전체의식 속에서
봉사하고 있습니다.

하늘에서는
빛의 역할과 어둠의 역할이
완전한 통제 속에서 이루어지고 있습니다.
땅에서는
갈등과 대립의 측면에서

루시엘(Luciel) 지파

어둠의 대천사인 루시엘은 13번째 대천사로 알려져 있으며, 그 그룹(지파)에 6차원의 루시퍼, 4차원의 사탄 그리고 데니카 그룹 등이 있음.

데니카 그룹

루시엘 지파를 돕는 하강하는 영혼 그룹

4차원 영계

진동수(파장)에 따라 12단계로 구분하고 있음.

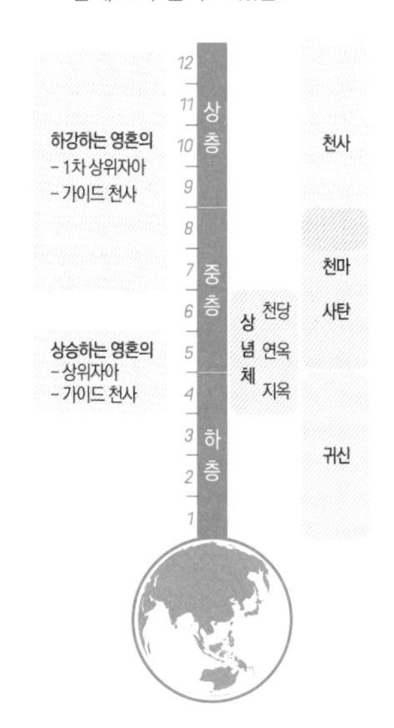

온갖 사회적 모순이나 불합리한 현실이나
인간성이 상실되고
사회적 병리현상이 극에 달한
부조리한 현실을 볼 때마다
이것을 하늘이 계획하고 실행할 리가 없다고
생각하는 것은 어쩌면 당연한지도 모릅니다.

불합리하고 부조리하게 보이는
이 지구라는 행성은
전체의식에서 분리되어
분리의식을 경험하기 위해 온 영혼들을 위한
공부의 장, 물질체험의 장 입니다.
3차원 물질학교라는 관점에서
지구가 얼마나 현실감 있고
공부하기 좋은 학교인지를
공부 중인 학생이 눈치채기란
정말 어렵고도 어려운 일이기에
다들 치열하게 살고 있는 것입니다.

이곳이 연극을 위한 학교이자
배우들을 위한 가설무대임을
이해하기란 매우 어려운 일이며
이것을 눈치채는 것이
바로 깨달음의 본질인 것입니다.

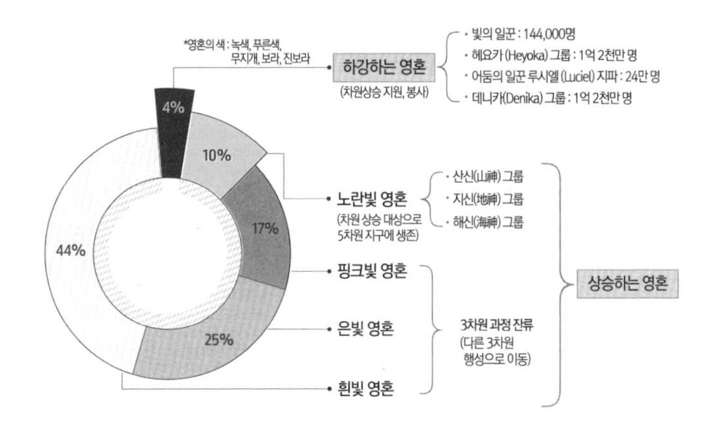

상승하는 영혼과 하강하는 영혼의 구성 비율

상승하는 영혼은 흰빛→은빛→핑크빛→노란빛의 과정을 거치면서 3차원 지구를 졸업함.

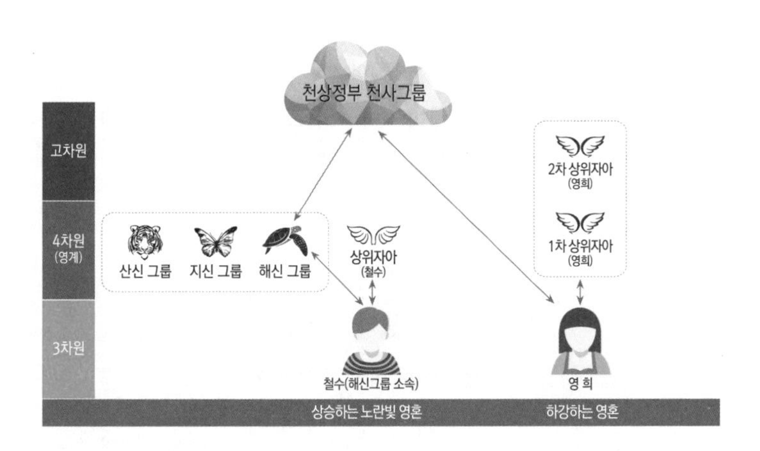

천사그룹과의 채널링

상승하는 영혼은 4차원 영계의 산신, 지신, 해신 그룹의 지원과 중재 속에서 천상정부 천사와 채널링이 가능한 반면, 하강하는 영혼은 오래된 영혼으로서 이미 천상정부의 천사그룹에 소속 되어 있기 때문에 아무런 중재없이 직접적인 채널링이 가능합니다.

아무것도 잘못되는 것은 없다

하늘의 계획이 있기에
땅에서의 펼침이 있으며
하늘에서의 조화와 균형이 있기에
땅에서의 부조화 역시
조화와 균형의 해피엔딩이 될 수 있으며
하늘에서의 완전한 통제가 있기에
땅에서의 일들이 착오 없이
집행될 수 있는 것입니다.

빛의 과정을 공부하는 영혼이든
어둠의 과정을 공부하는 영혼이든
상위차원(하늘)에서는
옳고 그름의 땅의 이분법의 방식이 아니라
한 번도 분리된 적도 없으며
한 번도 나누어진 적이 없기에
하늘에서는 어떠한 갈등이나
부조화가 발생하지 않으며
모두가 하나라는 의식으로
창조근원과 전체의식 속에
있음을 우데카가 전합니다.

알고 보면

모두가 우리 편이고
모두가 나인데
분리의식에서 보면
이곳은 전쟁터이고 지옥이고
삶과 죽음이 있는 생존게임이며
약육강식이 존재하는
정글처럼 보일 것입니다.
의식이 깨어나고
큰 그림 속에 있는
작은 그림들이 보이기 시작하면
빛이든 어둠이든 모두 하나라는 것을
공부하기 위한 과정임을
알 수 있을 것입니다.

빛을 경험하고 빛의 일을 하고자 하는
빛의 일꾼이나
어둠을 체험하고 어둠의 역할을 하고 있는
어둠의 일꾼이나
자신의 상위자아가 가진 프로그램대로
천상정부가 의도한 대로
각자의 역할 속에서
각자의 사명과 소명 속에서
차원상승❖ 또는
아마겟돈❖이라고 부르는
지구에서의 마지막 타임라인조차도

차원상승

낮은 차원에서 높은 차원으로 이동하는 것을 차원상승이라고 하는데, 이때에는 필연적으로 대격변의 과정을 겪게 됨. 지구행성은 곧 3차원에서 5차원으로 차원상승할 예정임.

아마겟돈(Armageddon) 전쟁

세계종말에 있을 마지막 전쟁. 아마겟돈이란 원래 '므깃도의 산'을 의미하는데, 「신약성서」의 요한계시록에서 므깃도의 산은 사탄과 하나님의 마지막 전쟁의 장소로 묘사되어 있음.

해피엔딩으로 끝날 수밖에 없는 것입니다.
이때를 준비하고 계획한 시나리오 대본이
250만 년 전에 수립되었으며
그 각본대로 천상의 계획대로
천상정부의 의도대로
아주 잘 진행되고 있습니다.

완전한 통제란,
천상정부가 일하는 계획과 집행하는
일련의 과정을 말함이며
우리 인간의 머리로는
상상할 수도 없으며 알 수도 없는
치밀하고 세밀하고 정밀하기까지 한
하늘의 계획과 집행을 말합니다.

하늘이 일하는 방식을 믿고 따르는 사람들은
'이 우주에선 아무것도 잘못되는 것은 없다'
는 것을 이해하는 사람이며
하늘의 일은
완전한 계획과 집행과 통제 속에
인간의 상상력 너머에서
잘 진행되고 있으며
이것을 믿고 신뢰하는 것이 바로
믿음의 내용이자
순종의 내용입니다.

차원별 천사들의 수준

하늘의 입장에서 보면
우리가 살고 있는 3차원 물질세계는
우리의 교육시스템에 비유하면
유치원에 해당된다고 합니다.
지구행성에서 각 분야의 최고수는
초등학생 수준의 기술과 능력을 발휘한 사람이며
그 이상도 그 이하도 아닙니다.

4차원 천사의 지능(IQ)이 700
6차원 천사의 지능이 1,200 정도입니다.
우리가 알고 있는 하늘은
6차원에 있는 천상정부를 말하는 것으로
지능이 기껏해야 150 정도도 안 되는 우리들이
행하는 모든 것들은 대부분 예측이 가능하고
통제가 가능한 수준에서 진행되고
집행되고 있는 것입니다.

6차원 이상의 세계는 인간의 상상력으로는
알 수도 없으며 설명한다고 해도
이해할 수도 이해될 수도 없는 세계입니다.
하늘이 일하는 방식을
인간이 이해한다는 것 자체가 불가능하지만

빛의 방식으로 진행되는
우주의 보편적 법칙의 세계는
보편성이라는 대전제 속에 있는 것입니다.

우데카가 전하는 하늘이 일하는 방식은
하늘의 소리이자
천사들이 우데카와 함께 만들어 가고 있으며
인류의 의식을 깨우고 하늘의 공정한 사랑을
창조주의 무한한 사랑을 일깨워주는
우주의 대서사시가 될 것입니다.

인간을 가르치는 교사 역할을 하는
4차원 귀신 선생들은 중고등학생 수준이며
5차원과 6차원에서 파견 나온
어둠의 천사들은 대학생 정도의 의식으로
3차원에 있는 우리의 공부를 돕고 있습니다.

7차원과 8차원의 천사들은
박사과정이나 그 이상의 존재로
이해하면 될 듯합니다.
하늘은 그들을 투입하면서까지
3차원 우리의 삶을 통해서
인간이 하늘의 일을 배우게 하고 있으며
한 치의 오차도 없이
하늘의 일을 집행하고 있는 것입니다.

지구는 유치원 수준

유치원생의 공부를 위해
초등학생과 중학생 역할을
귀신 선생이나 가이드 천사가 맡아
형이나 누나 역할을 잘해주고 있습니다.
중학생 역할 중에 어려운 역할은
어둠의 천사가 봉사하고 있습니다.
고등학생 수준인 용들이
물심양면으로 도와주고 있으며
대학생인 천사들이 들어와
빛의 일을 하고 있는 것입니다.

지구 인류는 85% 이상이
유치원생 정도의 수준이며
차원상승을 앞둔
산신그룹, 지신그룹, 헤신그룹❖은
초등학생 수준 정도로 약 10%입니다.
유치원생을 도와주러 내려온 분을
하강하는 영혼이라고 하는데
약 4% 정도입니다.
이들을 빛의 일꾼이라고 합니다.

유치원생들에게

산신(山神), 지신(地神), 해신(海神) 그룹

상승하는 영혼들 중 지구 차원상승 대상이 되는 노란빛 영혼들을 관리하는 4차원 영계의 천사 그룹. 각 영혼이 거주하거나 에너지적으로 연결된 지역을 기준으로 구분한 것. 각 그룹의 상징물은 다음과 같음. (P65. 도해 참조)

- 산신그룹 : 호랑이, 산신
- 지신그룹 : 나비, 꽃, 잉어
- 해신그룹 : 용왕, 거북

모탈(mortal) 세계

'mortal'은 '죽어야 할 운명의, 반드시 죽는'의 뜻. 모탈세계란 물질체험을 하는 영혼이 다른 육체를 받기 위해서 반드시 죽음이라는 과정을 통과해야만 하는 윤회 시스템을 표현하는 용어임.

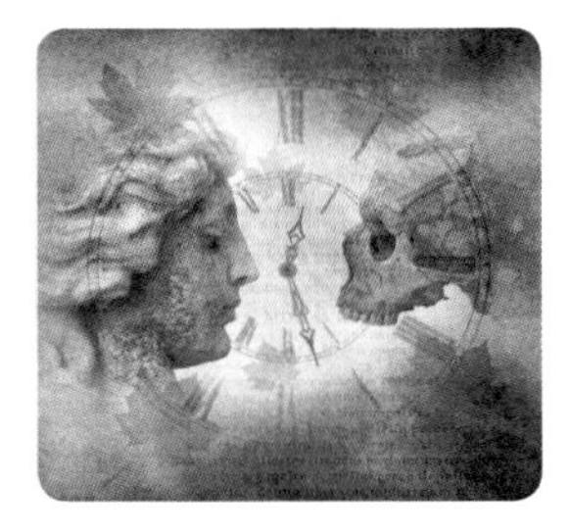

3차원 모탈mortal 세계❖로서의 지구는
5차원으로 차원상승을 앞두고 있으며
한 치의 오차도 없이
하늘이 기획하고 의도한 대로의 수확을 위해
천상의 모든 천사들이
최선을 다해 봉사하고 있습니다.
모든 것이 프로그램 또는
프로그램의 조정으로 진행되는 것이기에
'이 우주에서 우연히 일어나는 일은 없다'고
말하는 것이며
'완전한 통제',
'한 치의 오차 없이',
'우주에서 잘못되는 것은 아무것도 없다'와
같은 의미입니다.

자신이 정한 개인의 프로그램이 있으며
한 집단이나 한 민족이 가지고 온
프로그램이 있으며
인류 전체에 대한 타임라인 또한 존재하며
전체의 타임라인 속에 각자의 타임라인과
지역과 국가와 민족의 타임라인이
조정되고 계획되는 것입니다.
하나의 의미 있는 일이 진행되기 위해서는
우선 보이지 않는 세계에서의
계획과 동의가 있어야 하며

그것을 집행하는 기구가 있어야 합니다.
이것이 바로
하늘이 있기에 우리가 있다는 말이 갖는
진정한 의미인 것입니다.
하늘이 일하는 방식은 늘 계획대로
예정대로 한 치의 오차 없이 진행되고 있습니다.

하늘이 일을 할 때에는
바둑으로 비유한다면
우리가 생각하는 것보다
최소 다섯 수 이상의 수를 내다보며
그때그때 상황에 맞추어 대응하면서도
변화와 경우의 수마저도
계획 속에 있으며
통제 속에 있으며
그 모든 것의 경우의 수를 고려하여
세부적인 삶의 계획이 설계되었으며
한 치의 오차도 없이
집행되고 있는 것입니다.
이것이
우리네 인생을 보는
우주적 시각입니다.

인생 프로그램과 자유의지*

자유의지(free will)

인간이 자기 영혼의 진화와 인생 프로그램을 스스로 선택하고 결정할 수 있는 권리. 자유의지는 상위자아뿐만 아니라 창조주라 하여도 결코 침해할 수 없는 인간(아바타)의 신성한 주권임. 따라서 상위자아의 개입 역시 자유의지를 침해하지 않는 범위 내에서 이루어짐. 인간의 자유의지가 상위자아의 뜻에 부합하는 것이 곧 상위자아와의 합일이며 불교에서 말하는 견성(見性)이고 깨달음임.

자신이 설계한 인생의 프로그램은
6차원의 천상정부 컴퓨터 시스템에 입력되어
3차원의 타임라인에 따라 순차적으로 작동되며
천상정부가 그 프로그램대로 집행을 주관하며
천상정부 소속 천사들이 봉사하며
집행을 돕고 있습니다.

자신이 프로그램한 대로 집행하다가
변수가 생기는 경우는 미리보기 기능이나
대천사들이 쓰는 차원 간 공간이동 기술이나
용들의 활약으로 교통사고나 불의의 사고에도
예방적 대처가 가능합니다.
자신의 상위자아가 동의하지 않는 일은
나에게 일어날 수도 없으며
일어날 리가 없다는 것을 인지하십시오.

인간이 내 마음대로 결정하고
내 자유의지대로 할 수 있다고 믿는
자유의지는 10% 미만으로도
하늘에서 프로그램할 수 있으며
하늘에서는 세부적인 내용까지 정교하게
조정하고 있으며

여러분의 생각이나 감정 또한
그 범위 안에서 조율될 수 있습니다.

내 생각대로
내 마음대로 선택하고,
판단했다고 생각하는 대부분은
사실은 알고 나면 자신이 설계한 프로그램이며
자신의 상위자아와 천상정부 소속 천사들에 의해
프로그램대로 집행되고 있다는 것을
아는 것이 깨달음의 실체입니다.

하늘이 일하는 방식을 이해하는 사람이라면
20% 내외의 자유의지만이
운명적으로 주어졌다는 것에 대한
알아차림이 있는 빛의 일꾼입니다.
내가 하늘에 자유의지를 반납한다고 할 때
그것은 20% 내외의 자유의지를
반납한다는 것임을 알아야 합니다.

하늘에 대한 믿음과 순종으로 내맡길 때
빛의 일꾼으로서의 역할과 사명이 주어지며
빛의 통로가 되는 것입니다.

상승하는 영혼들은
프로그램이 60% 자유의지가 40%,

프로그램이 50% 자유의지가 50% 등인 반면,
하강하는 영혼의 경우에는
프로그램이 70% 자유의지가 30%,
프로그램이 80% 자유의지가 20% 등으로
제약이 많은 것입니다.
이것을 천상정부의
귀신이나 어둠의 역할을 맡은
천사들이 담당하고 있으며
다양한 고차원의 과학기술로
인간의 생각이나 감정까지도 어느 정도
통제가 가능하며 조정이 가능합니다.
이것들조차 자신이 프로그램한 것이며
미세 조정과 변경은
자신이 잠을 자는 동안
자신의 상위자아와 내 영혼의 동의에 의해
새로운 프로그램이 시작되고
동시에 실행되고 있는 것입니다.

자유의지를 반납하고
빛의 길을 간다고 할 때
그것은 100%의 자유의지를
반납하는 것이 아니고
겨우 20% 정도의 자유의지를 반납한다는 것을
다시 한 번 인지하시기 바랍니다.
몽땅 털리기 전에

가슴에 피멍울이 들기 전에
한 많은 인생을 말하기 전에
어차피 해야 할 일이라면
피해갈 수 없는 빛의 일꾼의 길이라면
자발적으로 하게 되면
어둠의 형제들이나
천사들의 노고가 줄어들게 되는 것이지요.

하늘이 계획한 것이 잘못되는 일은 없으며
하늘이 꼭 이루고자 하는 일을
이루지 못할 이유 또한 없습니다.

3차원의 물질세계에
5차원과 6차원의 과학기술을 가지고
이루지 못할 것이 없으며

3차원 유치원생의 의식을 가진
아바타❖가 하는 행동이나 패턴을
미리 파악하고, 대비하는 것이
하늘의 입장에선 그리 어려운 것이 아닙니다.
그냥 기획이고 프로그램이고
일어날 일들이 일어나고 있을 뿐이지요.

한 치의 오차 없이
땅의 일들은 이미 진행되고 있습니다.

아바타(Avatar)

분신(分身), 화신(化身). 지구의 모든 인간은 육신이라는 옷을 입고 살아가는 고차원 영혼의 아바타임.

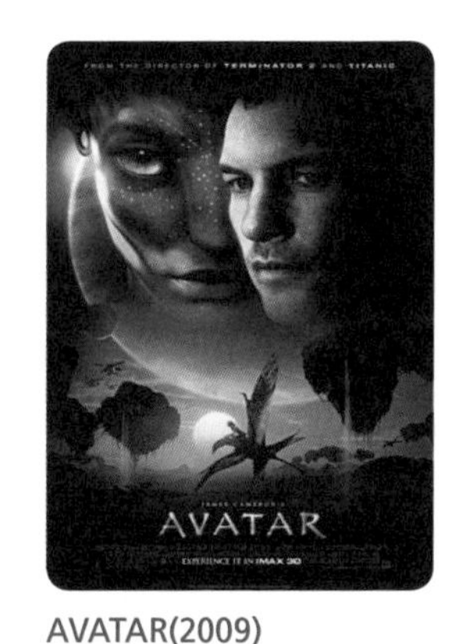

AVATAR(2009)

원격조정이 가능한 아바타를 소재로 한 SF영화.

빛의 일꾼으로서 자신의 계획을 믿고
자신의 상위자아를 믿고
천상정부의 의지를 믿고
하늘의 의지를 믿고 함께 하는데
무엇이 문제가 될 것이며
무엇이 우리를 가로 막을 수 있겠습니까?
하늘의 일이 하늘에서 이루어진 것같이
땅에서 이루어질 수 있도록
최선을 다하시기 바랍니다.

상위자아

상위자아는 인간의 영적 주권자로서 빛과 어둠을 조율하여 인생 프로그램을 잘 이수할 수 있도록 관리 감독하는 보이지 않는 손입니다. 상위자아는 우주의 전체의식과 연결되어 있기 때문에 인간은 상위자아와의 교류와 합일을 통해 의식의 확장과 깨달음을 얻고 더 큰 세계로 나아갈 수 있습니다.

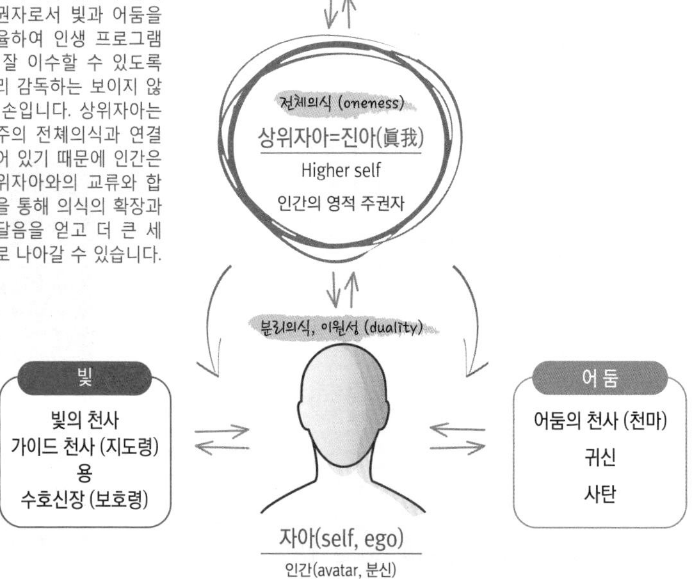

한 치의 오차 없이

어둠의 매트릭스를 설치한
사탄❖의 지능은 700이며
이것을 지휘한 루시퍼 천사는
지능이 1,200이며
이들이 만들어 놓은
어둠의 매트릭스를 관리하는데
지능이 350 정도인 천상정부 소속
어둠의 형제들❖이
지구에 약 350명 존재합니다.
어둠의 매트릭스를 보존하고,
관리하는 존재들 또한
엄격한 통제 속에 있으며
일부분의 자유의지가
존중되고 있을 뿐입니다.

지구에서 일어난 모든 일들은
전체의 그림 속에서
전체의 프레임 속에서 진행되는
치열한 싸움이자
치밀한 한 편의 시나리오입니다.
고정된 시나리오가 아니라
상황에 따라 조율되고 조정되는

사탄(Satan)

루시퍼의 4차원 분화이며 일반적인 용어로는 4차원의 어둠의 천사들을 통칭.

어둠의 형제들

지구에 물질(어둠) 매트릭스를 설치하고 유지 관리하는 핵심 인자들.
세계의 정재계를 움직이는 배후세력인 어둠의 정부의 수뇌부를 맡고 있음.

시나리오가 있기에 한 치의 오차 없이
하늘의 일이 집행될 수 있는 것입니다.

여호와 의식이
주관하는 오리온 성단

지구에 개입한 오리온 성단❖의 여호와와
오리온 성단 외계인들의 과학수준조차
계산되고, 시뮬레이션 되었으며
모든 것을 처음부터 기획하고, 계획한
프로그래머들이 거시적으로 존재하고
이들이 일하는 방식은 감히
우리가 상상할 수도 없습니다.
이해할 수도 이해될 수도 없는 영역에서
10차원의 과학기술과
이보다 더 높은 차원의 기술로 프로그램한
거대한 프로그램 속의 프로그램이
한 치의 오차 없이 진행되는 것은 어쩌면
당연한 우주의 이치인 것입니다.

수십, 수백만 개의 은하들이
수백만 광년 동안 진화하면서
한 치의 오차 없이 자전과 공전을 하고
순행하고 있으며
단, 0.1초의 오차 없이
세차운동이 일어나고 있으며
은하간의 어떠한 충돌이나
물리적인 변화 없이

일정한 질서 속에서
우주의 법칙 속에서
대우주는 창조근원의 의지에 의해
한 치의 오차 없이 순행 중에 있습니다.

지금은
대우주의 순행과 법칙과 질서 속에
네바돈 우주의 변방에 있는
지구라는 조그마한 행성에서
창조주의 의지와 숨결이 담긴
지구의 차원상승 프로젝트에
빛의 일꾼들의 자발적인 참여가
필요한 순간입니다.

창조근원의 신성한 의지는
사랑으로 집행될 것이며
사랑과 자비와 연민의 에너지가
지구의 격변과 맞물리면서
한 치의 오차 없이
지구에 펼쳐질 것입니다.

그렇게 될 것이고
그렇게 될 것이며
그렇게 되었습니다.

3부. 몽땅 털어가기

물질에 대한 집착과 소유가
사람의 의식각성을 방해하고
자만과 교만을 내려놓을 수 없게 하기에
물질의 덧없음을 깨닫고
겸손하고 순수한 마음으로
하늘과 영적 세계를 배우게 하기 위한
프로그램이 있는데
이것을 우데카는
'몽땅 털어가기'라고 합니다.

몽땅 털어가기는
물질체험(어둠)을 종료하고
빛으로 돌아오는 프로그램입니다.

빛으로 돌아오는 프로그램

전체의식에서 벗어난 영혼들은
물질체험을 통한 공부를 위해 떠난
여행자와도 같습니다.
전체의식과 하나되는 의식 없이
이 우주와 하나가 된다는 의식 없이
세상만물이 다 하나의 의식,
또 다른 '나'라는 의식의 각성 없이
깨달음을 위해 수련을 하고
명상을 하고, 토굴을 파고 들어가
삼매에 들고자 하지만
물질세계에 얽힌 에너지의 정리 없이 하는
수련과 기도와 명상은
잠깐동안 자기 위안이 될지언정
깨달음의 본질인 '우리 모두가 하나다'라는
의식을 가슴으로 공명하기 전에는
안타까운 시간들이 흐르고 있을 뿐입니다.

전체의식에서 분리된 영혼들은
두려움을 가질 수밖에 없는데
이것을 해결하고자 하는 몸부림이
깨달음에 대한 강한 집착과
물질에 대한 강한 집착

성에 관한 강한 욕망 등으로 나타나게 됩니다.
사실 이 모든 것은
같은 에너지의 다른 양상일 뿐
물질 체험을 하는 모든 영혼이 겪어야 하는
삶의 여정이자,
인생이라는 참으로 내 마음대로 안되는
삶의 모순되는 한 측면입니다.

깨달음을 향한 갈망이
빛을 향한 그리움이
양(빛)의 체험과정이라면
물질체험을 통한 물질과 권력에 대한
강한 집착이 음(어둠)의 체험과정입니다.
성에 대한 욕망은
빛과 어둠의 양면을 다 가지고 있으며
주로 예술가 그룹에게서 강하게 나타나며
그 영혼이 가지고 온
에너지의 크기와 프로그램의 내용에 따라
달라집니다.

하강하는 영혼들 중, 빛의 일꾼들에게는
물질에 대한 집착과 성적인 강한 욕망과
깨달음에 대한 강한 욕망 등이
상승하는 영혼들에 비해
매우 강하게 나타납니다.

빛의 일꾼이 가지고 온 에너지는
상상할 수 없을 만큼 엄청난 것이어서
깨달음에 대한 집요한 삶의 여정이
촘촘하게 진행되기도 하고
물질의 소유를 통한 화려한 성공과 실패의
삶을 사는 경우도 있으며
자신이 가지고 온 에너지를
예술적 창작을 통해
마음껏 끼를 발산하는 경우도 있습니다.

깨달음에 대한 환상이나 욕망으로
수많은 종교와
수많은 수련, 명상 단체를
섭렵하는 사람들도 있으며
사람들과 어울리지 못하고
홀로 떠있는 섬처럼 외로운 사람들은
하강하는 영혼들 중에 참 많으며
상승하는 영혼들 중에는
이번 지구의 차원상승기에
졸업반 학생인 경우가 많습니다.

이제는 때가 되어
물질체험이 종료되는 시기를 앞두고
빛의 일꾼들 중에
어둠의 물질체험을 종료하고

빛으로 돌아오는 프로그램이 있는데,
이것을 우데카는 '몽땅 털어가기'라고 합니다.
물질에 대한 집착과
물질에 대한 소유욕을 가지고는
자만과 교만을 내려놓을 수 없기에
빛의 일꾼의 일을 하기 위해
물질의 덧없음을 배우게 하기 위해
하늘에 대한
순종과 복종과 감사함을 배우게 하기 위해
가지고 있는 물질을
몽땅 털어가는 방법이 있습니다.

물질세계에서 길을 잃고 방황하는 영혼들이
더 많은 물질을 소유하려고 하면 할수록
물질에 대한 모든 허망함과
미련을 버리게 하기 위해
그가 가진 모든 재산을
몽땅 털어가는 방법이 있습니다.

빛의 일꾼이 저항하면 할수록
하늘에 대한 항복이 늦으면 늦을수록
하늘이 일하는 방식을 눈치채지 못할수록
몽땅 털리고 나서야
보이지 않는 세계에 관심을 가지고
영적인 세계로 오는 경우가 대부분입니다.

이들의 분노를 잠재우고
이들의 아픔을 달래주기 위해
하늘이 일하는 방식 중에
몽땅 털어가기에 대한
깊이 있는 분석을 해드리고자 합니다.

너무 마음 아파하지 마십시오.
지금 이 글을 읽고 있는 분들 중에는
이미 몽땅 털리고 겨우 숨만 쉬고 있거나
지금 털리고 있는 중이거나
털리고 있는 중인데 눈치를 채지 못하거나
털릴 예비 대상자가 될 수 있음을
우데카가 하늘의 소리로 전합니다.

빛의 일꾼의 각서와 패널티penalty

하강하는 영혼들 모두는
빛의 체험만을 경험하거나
어둠의 체험만을 경험하는 경우는 없으며
빛의 체험과 어둠의 체험과정 모두를
공부하기 위해 프로그램 되었으며
자신의 영혼의 여행 과정상 필요한
부분들로 촘촘하게 프로그램 되었으며
같은 상위자아를 둔 아바타일지라도
각기 다른 프로그램과
개체성을 가지고 있습니다.

물질체험을 하는 하강하는 영혼의 입장에서는
시대별로 문화적으로 역사적으로도
각기 다른 역할과 임무가 주어지게 됩니다.
지금과 같이 차원상승을 앞둔 행성에
특수 임무를 가지고 온
빛의 일꾼은 자신의 상위자아와
천상정부와 협의해서 짜놓은 타임라인에
의식이 깨어나 임무를 수행해야 하는
특수한 사명이 있습니다.

이것은 하강하는 영혼들 중

빛의 일꾼에게는 매우 중요한 일이기에
이곳에 오기 전 물질세계에 빠져
빛의 일을 하지 못하게 될 경우에 대비해서
미리 사전에
그것을 방지하는 프로그램을 서약하고 오는데
그것을 '각서'라고 합니다.

행성의 마지막 주기에는
차원상승과 자연의 대격변이 준비되어 있습니다.
이것을 준비하고 대비하는
특수 임무를 수행하는 집단을
'빛의 일꾼'이라고 부릅니다.
빛의 일꾼은 특수군인 신분이며
우주연방 소속입니다.
우주연방을 대표하는 그룹이
아보날 그룹❖이며
이들을 지원하는
데이날 그룹과 멜기세덱 그룹이 있으며
협력하는 안드로메다 그룹과
12창조그룹 위원회가 있습니다.

아보날(Avonal) 그룹

물질체험의 과정을 대부분 마친 영혼들로 우주에서의 다양한 경험치를 통하여 창조주의 명령을 받아 특수 임무를 수행하는 영혼 그룹임.

신성한 창조주의 명령을 수행하는
빛의 일꾼들은 저마다 물질 육화를 하기 전에
창조주 앞에서 선서를 하고
빛의 일꾼의 임무를 이행하지 못할 시,

자신이 감수할 패널티를
스스로 정한 각서가 있습니다.
그중에 효과가 만점이고 악명 높은 것은
자신이 물질적인 에너지에 갇혀
빛의 일꾼의 사명을
원활하게 수행하기 어렵다고 판단될 때에는
비상경고가 작동되면서
자신이 가진 모든 물질적인 것들을
잃어도 좋다는 각서 내용이
천상정부의 집행부에 의해
프로그램대로 집행되는데
이것을 일명 '몽땅 털어가기'라고 합니다.

이 방법은 천상에서 보면
아주 효과가 좋은 반면에
몽땅 털리는 입장에서는
목숨보다도 소중한 돈을 잃는 것이니
피를 토하는 심정과 비통함과 절망감은
이루 말할 수 없는 것입니다.
거기에 가족관계마저 흔들리면
모든 것을 잃고 방황하고 방황하다가
보이지 않는 세계로의 관심과
보지 않고 믿게 되는 믿음의 세계로
입문하게 되는 것입니다.

참 많이도 그렇게 털리고 다 털려서
아무것도 가진 것 없이 다 털리고 나서야
비로소 영성계 이곳저곳을 기웃거리다
「빛의 생명나무❖」에 오고 있습니다.
털리는 과정도 다양해서
영성계에서 털리는 사람이
가장 비참한 경우인데
분별의식이 없는 상태에서
어둠의 진영에서 설치해놓은
덫에 걸려 털리고, 털리고 있으며
지금도 진행 중인 사람들이 많이 있습니다.
이들에게 눈치챔과 알아챔이
함께 하기를 바랍니다.

빛의 생명나무

중심우주 낙원천국의 중앙에 있는 아주 생명력이 넘치는 우람한 나무로 144,000 종의 빛을 발산하고 있음. 우데카 팀이 2014년 8월 18일 포털 사이트 다음(daum)에 카페를 개설할 때 채널러를 통해 하늘로부터 받은 카페명이며 우데카팀의 공식명칭.

거품빼기 프로그램

세상에서 남부럽지 않게 잘 살고
물질적인 성공을 이루고
좋은 일 많이 하면서 잘 살다가도
때가 되어
의식이 깨어날 때가 된 사람은
그 준비 과정으로
그 사람이 가진 재산을 털어가는
프로그램이 진행되기 시작합니다.

잘 나가던 사업이나 장사가 꼬이기 시작하고
모함이나 송사에 휘말려
엄청난 심리적 압박감에 시달리기도 하며
전문 사기꾼❖들에게 연결되어
자신도 인지하지 못하는 사이에
자신의 모든 것을 다 잃게 되는
몽땅 털리는 프로그램이 진행되는 것입니다.

전문 사기꾼
국내 사채업자중 60% 정도가 하강하는 영혼으로 어둠의 역할을 하는 유능한 천사들임.

이때까지도 털리는 사람은 단지
자신이 운이 좋지 않다고 생각하고
재수가 없다고 생각하고
점집이나 사주 등을 보면서 그냥
넘기는 경우가 대부분입니다.

이때는 꼭 뭐가 씌인 것처럼
알면서 당하고
모르면서 당하고
한두 번 당하고 두어 번 더 털리고 나면
이제 남은 것이라곤
자만과 교만이 사라져 버린
나약하고 소심하고 의기소침한 사람으로
자연스럽게 변하게 되는 것입니다.

이때가 바로 의식이 열리는 준비과정이
만들어진 것입니다.
이때부터,
차비와 식비가 걱정될 때부터
주변의 사람들을 제대로 볼 수 있게 되고
진짜 소중한 사람이라 믿었고
진짜 좋은 사람들이라 믿었던
사람들이 자신을 하나둘씩 떠나갈 때야
이제야 철이 들기 시작하면서
평소에는 보이지 않는 것들이
하나둘씩 보이기 시작합니다.

겸손함과 순수함을 회복하고
물질의 덧없음을 배울 때까지
자신이 가진 재능과 능력까지도
무용지물로 만들어 놓으며

내가 소중하다고 여기는 모든 것들을
하나도 빠짐없이 다 잃고 나서야
의식이 열리는 사람은
그나마 행운인 것입니다.
대부분의 사람들은 여기까지 오면
자살을 시도하고
자살을 시도하다가 실패를 해야
모든 것을 포기하고
그제야 고분고분해지는 사람이 대부분입니다.

자신이 써놓은 각서대로
하늘과 천상정부는
본인의 상위자아의 요청을 받아들여
몽땅 털어가기 프로그램이 시작되면
그가 가진 모든 것을 잃을 때까지
그가 가진 우월감과 자만과 교만이라는
거품이 빠질 때까지 인정사정 봐주지 않고
집행하는 것이 천상정부이고
하늘임을 명심하십시오.

자신도 모르게
아무도 눈치채지 못하게
천상에서는 동료이자 동지인
어둠의 일꾼 역할을 맡고 있는
유능한 어둠의 형제들에게

다 몽땅 털어가라는 명령이
오늘도 무심하게 집행되는 모습을
우데카는 지켜보고 있을 뿐입니다.

빨리 눈치채고
빨리 알아채고
하루라도 일찍 하늘에 항복하는 게 최선인데
그것도 모르고 저항하다
몽땅 다 털리고
「빛의 생명나무」로 오는 여러분을
만나러 가는 일이 없도록
이 글을 읽는 분은 그나마
행운이 함께 하시길 기대해 봅니다.

실전 재난프로그램

자본주의 세상에서
돈 없이 산다는 것은 매우 어려운 일입니다.
의식의 각성 없이는
매순간 많은 불편함이 함께 할 수밖에 없으며
사회적인 관계에서
쪽팔림의 순간을 맞이할 수밖에 없습니다.
물질적으로 부유하게 살다가 어려워지면
그 불편함과 고통은 가중되며
삶의 의욕을 상실할 만큼 고통의 연속입니다.

몽땅 털어가기로 작심하고 털어가는
하늘이 일하는 방식에 대해
각서나 프로그램이라는 언어로 설명하고
해석하기에는 당사자와
가족이 겪는 아픔은 너무 큰 것입니다.
물질이 중심이 된 자본주의 세상에서
돈이 없어서 겪는 좌절감과 절망감은
이루 말할 수 없는 고통일 수밖에 없습니다.
이렇게 고통스러운 과정을
과연 나의 상위자아가 동의를 했고
내 영혼이 동의를 했으며
하늘이 집행했다는 것을 인지하고

이것을 믿기까지 얼마나 많은 알아챔이
있어야 하는지 먹먹해집니다.

이토록 재기할 수 없을 정도로 털어가고
마지막 숨통까지 조여 놓고
토끼를 몰듯 참치 떼를 몰듯 꼼짝없이
이러지도 저러지도 못하도록
하늘이 나를 원하는 곳으로
몰아가고 있다는 것을
알아채고 눈치채고 인정하기까지
얼마나 고통스럽고 큰 아픔이었겠습니까?

빛의 일꾼으로
지금 이 글을 읽고 계신 분들 중에
눈시울이 붉어지는 분이 계시다면
위로의 말씀을 드립니다.
이곳에 오시기까지 참으로 수고 많으셨습니다.

우리가 살아야 하고
우리가 견뎌내야 할 미래의 모습은
단기적으로 볼 때 매우 어려운 시절입니다.
그때를 대비하여 곤궁하고 가난하며
물질의 부족함을 미리 겪어 보게 하는 것이
대부분의 빛의 일꾼들에게 주어진
삶의 과정이자 프로그램입니다.

새로운 정신문명의 도래는
반드시 물질문명의 붕괴 뒤에 오는 것이기에
그때를 대비하도록
스스로 준비한 프로그램이자
하늘이 빛의 일꾼들을 위해
예비한 인고의 세월입니다.
내가 어려워 봐야
조건 없이
계산 없이 가난한 이웃들에게
손을 내밀어 줄 수 있으며
내가 죽을 만큼 아파봐야
아픈 사람을 보면 가슴으로 그들을
품을 수 있지 않겠습니까?

모두가 바로 그 때를 위해
당신의 영혼과
당신의 상위자아와
천상정부가 계획하고 준비한
재난 프로그램이
몽땅 털어가기 프로그램임을 알아채시기 바랍니다.

물질에 대한 집착에 빠져있는 빛의 일꾼들에 대해
우데카는 걱정하지 않습니다.
유능한 어둠의 형제들이
전문 사기꾼으로

악덕 사채업자로
꽃뱀으로 빚의 일꾼들이 가진
물질에 대한 집착과 재산 모두를
몽땅 털어가기 위해
맹활약 중이기 때문입니다.
유능한 어둠의 형제들(우리편)이
서로를 위해
우리 모두를 위해 봉사하고 있을 뿐입니다.

몽땅 털어가기 전에 하루라도 일찍
알아채고
눈치채고
하루라도 일찍 하늘에 항복해서
조금이라도 남은 재산을
건지시길 바랍니다.

여러분의 건승을 빕니다.

분별력을 키우기 위한 담금질

하늘은
빛의 일꾼만을 준비한 것이 아닙니다.
순진하고
순수하고
세상물정 모르는 빛의 일꾼을
교육하고 훈련하고 준비시키기 위해
유능한 어둠의 일꾼들 또한
세상에 준비시켜 놓고
훌륭한 조교로, 선생으로서
사회 곳곳에 배치해 놓고
여러분의 재산을 몽땅 털어가기 위해
24시간 대기 중에 있습니다.

세상에서는 이들을 다음과 같이 부릅니다.
꽃뱀이나 제비족이라 하고
악덕 사채업자라 부르고 있으며
정말 나쁜 새끼들이라고 하는
전문 사기꾼들도 있습니다.
돈이 많이 들어가는
어둠의 역할을 맡고 있는
각종 종교나 수련, 명상단체에서도
여러분의 분별력을 키우는

공부를 하는 동시에
항시 여러분의 주머니를
몽땅 털어가기 위해 24시간
대기 중인 유능한 어둠의 일꾼들로
가득차 있습니다.
그래서 행성 지구는 다른 행성보다
어둠의 매트릭스가 10배 이상 강한 곳입니다.

지구라는 행성은 지난 50만 년간
어둠이 지배하는 어둠의 행성이었으며
어둠의 유능한 일꾼들이 곳곳에 배치되어
상승하는 영혼과
하강하는 영혼 모두에게
장애물과 덫을 설치해 놓고
인류를 강하게 담금질하면서 공부시킨
물질의 매트릭스가 강하고
어둠의 매트릭스가 강한
참 고단한 행성이었습니다.

빛의 일꾼인 여러분은
영성계 이곳저곳을 전전하면서
분별력을 배우고
조금씩 털리기 시작했으며
종교판 이곳저곳을 기웃거리면서
어둠의 매트릭스를

직접 경험하고 공부하였으며
참 많이도 실망하고
물질적으로도 참 많이 털렸을 것입니다.
수많은 수련이나
명상 단체들을 기웃거리면서도
우리 몸에 있는 경락이나
5차원의 빛 한 번 제대로 보지 못하면서
수많은 시간을 고통 속에 살면서
물질들을 조금씩 또는
몽땅 털리는 과정에서
눈물나는 삶을 살아왔을 것입니다.

모두가 지금의 이 상황을 위한
공부를 하기 위해
진짜 공부를 하기 위해
수많은 허구와 거짓들을 겪어야 했습니다.
참과 거짓을 구분하기 위해
빛과 어둠을 제대로 구분하기 위해
하강하는 영혼인 당신은
빛의 일꾼이라는 특수임무를 수행하기 위해
상승하는 영혼에 비해
너무나 많은 고통과 시련을 겪었으며
지금도 그 연장선에서
이 글을 읽고 있는 사람이 많을 것입니다.

아직도 알아채지 못하고
눈치채지 못한다면
당신은 당신이 가진 모든 것을
유능한 어둠의 일꾼들에게 내어줄 것이고
결국은 마지막 남은 자존심마저도
무너지고 말 것입니다.

하늘의 뜻을 알아야
하늘사람이며
하늘의 지혜를 가진
빛의 일꾼인 것입니다.
그런 당신을 돕기 위해
우데카는 기다리고 있을 뿐입니다.

빛의 전사의 길

물질을 많이 가지고 있는 사람일수록
타임라인과 재난에 대해 더 많은
두려움을 가지고 있습니다.
물질이 어둠의 매트릭스이기에
어둠의 속성을 체험하면서
물질에 대한 강한 집착과 소유의식이
더 많은 두려움을 가지게 합니다.

더 이상 잃을 것이 없는 사람은
두려움이 상대적으로 적으며
잃을 것이 많은 사람일수록
버릴 것과 편견이 많은 사람일수록
변화를 거부하며
현실 논리로 믿음의 세계를 판단하는
경우가 많습니다.

물질의 소유가 사람의 의식의 각성을
방해하고 자만과 오만을 가져오며
타인에 대한 우월의식을 갖게 하기에
당신을 철들게 하기 위해
물질의 부질없음을 알고
영적인 세계를 알고
빛의 세계를 알게 하기 위해

당신이 하늘사람임을 증명하기 위해
당신이 창조주 앞에서 선서한
유능한 빛의 일꾼과
빛의 전사임을 깨닫게 하기 위해
하늘은 당신의 욕망이 쌓아올리고
당신의 욕망이 만들어낸
모든 물질적 재산과 무형의 재산마저도
무용지물로 만들기 위해
유능한 어둠의 일꾼들을 투입해
당신이 소유한 모든 것을 몽땅 털어가기 위한
무시무시한 계획이 준비되어 있음을 알려 드립니다.

빛의 일꾼 모두가 선서한 각서 조항 1순위가
빛의 일꾼의 소명을 원활히 수행하기 위해
자기가 가장 소중히 여기는 것을
몽땅 털어가도 좋다는 것이며
그 각서대로 하늘은 여러분이 가진
가장 소중한 것들을 몽땅 털어가기 위해
호시탐탐 기회를 노리고 있다는 것을 알려 드립니다.

털리는 과정에서의 피눈물 나는 고통과
몽땅 털리고 난 후 겪게 될 피눈물 나는 고통의
프로그램이 빛의 일꾼이라면
누구에게나 준비되고 있고
실행할 준비가 늘 되어 있음을
빛의 일꾼과 하늘사람은

기억하고 기억해 주십시오.

하늘의 입장에선
자신의 상위자아 입장에선
아무것도 손해볼 것이 없기에
무자비하고 야속하게도
한 치의 오차 없이
한순간의 망설임도 없이 집행하고 실행할 것입니다.

더 늦기 전에
그것을 알아채고
그것을 눈치채서
하늘을 원망하지 않고
하늘을 비난하지 않으면서
가시밭길을 피하고 지름길로
하늘에 대한 오직 감사함과 믿음과 신뢰로 가는
빛의 전사의 길을 가시기 바랍니다.

당신을 향한 하늘의 계획으로
지금 이 순간 속절없이 당하고 있으며
이유도 모르고
영문도 모르고
털리고 있는 빛의 일꾼들에게
미안함과 안타까움을 전합니다.

4부. 하늘문은 좁습니다

하늘문은 참 좁습니다.
혼의식과 영의식의 합일 없이는
들어갈 수 없는 문입니다.
그 하늘문의 이름은
상위자아와의 합일이며
영의식과 혼의식의 합일인 것입니다.

하늘의 마음을 담을 수 있는 인자에게
하늘의 뜻을 품을 수 있는 인자에게
하늘의 사랑을 이해하는 인자에게
하늘의 고뇌와 고통을 아는 인자에게
하늘 아버지와 하늘 어머니의
마음에 공명하고 함께 할 수 있는
준비된 자녀에게
하늘의 뜻은 늘
함께 할 것입니다.

말판 옮기기

나의 상위자아는 잠도 자지 않고
음식도 먹지 않고 휴가도 가지 않고
오직 3차원 물질체험을 하고 있는
아바타와 체험을 공유하면서
아바타가 자신과 함께 설계한 프로그램을
잘 이수할 수 있도록 카르마와 인연법의
에너지 고리들을 풀어 주기도 하고
삶의 곳곳에 개입하면서
보이지 않는 손으로써
우리들 인생에 관여하고 있습니다.

나의 상위자아의 동의 없이
나에게 일어나는 것은 아무것도 없으며
나에게 일어나는 모든 일들은
나의 상위자아의 동의나 프로그램에 의해
일어난다는 것을 인지하시기 바랍니다.

나의 모든 것을 다 결정하고 주관하는
보이지 않는 손은 바로 나의 상위자아이며
나를 보호하는 최전방에 위치해 있으며
나의 자유의지를 제한할 수 있는 존재 역시
나의 상위자아임을 인지하시기 바랍니다.

4부

나를 가장 잘 알고 있는 분 역시
나의 상위자아이며
나를 끝까지 포기하지 않으며
동행하는 분 역시 상위자아입니다.
보이지 않는 손에 의해
나의 삶은 조율되며 조정되며 계획되며
완전한 통제 속에 있는 것입니다.

삶의 현장 속에서
배움과 의식의 성장을 이루었다면
또 다른 삶의 교훈과 방향성이 필요할 때
상위자아가 지금까지와는
다른 무대의 상황 속으로
아바타를 내몰 때가 있습니다.
예를 들어, 직장을 옮기든지
이민을 가든지 이혼을 하든지
새로운 무엇인가를 시작하든지
지금까지와는 전혀 다른 상황이나
환경에 놓이게 함으로써 새로운 인식의 전환을
가져오게 하는 경우가 있는데
이것은 내 자유의지로 결정한 것처럼 보이지만
상위자아가 내가 놀던 인식의 장을
장기판의 말처럼 전혀 다른 판(세상)으로
옮겨 놓는 경우이며
이것을 '말판❖ 옮기기'라고 합니다.

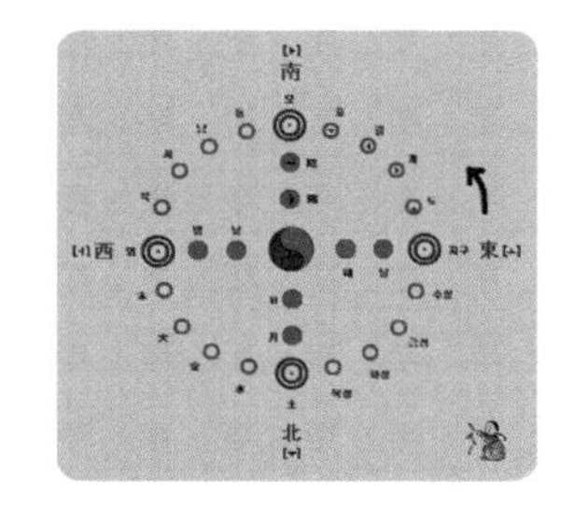

윷놀이 말판

윷판의 말판에 있는 점은 총 29개. 중간의 북극성을 빼면 동서남북 각각 7개씩 28개로 별자리 28수가 됨.

이 글을 읽고 있는 분들은 모두
여러분의 상위자아에 의해
「빛의 생명나무」로 말판을 옮겨
우주의 지식과 지혜를 배우게 하고
빛의 일꾼에서 빛의 전사로 거듭나는
새로운 패러다임이 존재하는 판으로
말판을 옮겨 놓은 것임을 밝혀드립니다.

또한 여러분의 상위자아와 천상정부는
여러분이 「빛의 생명나무」에서
의식각성이 늦거나
의식각성이 지체되거나
의식각성이 이루어지지 않으면
시험이나 강한 키질을 통하여
수시로 「빛의 생명나무」 밖으로 말판을 옮겨
지금과 다른 특별훈련을 시킬
준비를 늘 하고 있습니다.

의식각성이 정체된 회원의 상위자아는
잠도 자지 않고 음식도 먹지 않고
여러분의 말판이 「빛의 생명나무」 밖으로 옮겨질까
애타는 마음으로 가슴을 졸이며
지켜보고 있음을 우데카가 밝혀드립니다.

「빛의 생명나무」 입회入會의 의미

이 글을 읽고 계신 여러분은
삶이라는 아리랑 고개를 넘을 때마다
상위자아의 동의와
자신도 모르는 인연법에 의해
삶의 체험마당을 수없이 옮기면서 살아 오셨습니다.
배움과 체험이라는
영혼의 진화과정 상 꼭 필요한 공부를 위해
잠시도 쉴 수 없었으며
어디서 와서 어디로 가는지도 모른 채
주어진 현실의 문제를
해결하기에 바쁘게 살았으며
'아무것도 모르는 사람아'로
나름대로는 치열한 삶을 살아 오셨습니다.

빛의 일꾼으로서 준비시키기 위해
인연법을 통한 카르마를 해소하기 위해
토끼몰이를 당하듯
사냥 당하는 짐승처럼
셀 수도 없는 삶의 말판을 바꿔가면서
이곳 「빛의 생명나무」까지
수많은 사연과 눈물의 아리랑 고개를
넘고 넘어서 오셨습니다.

이곳 지구가 3차원 물질세계를 종료하는
시점이기에 빛의 일꾼들에게 지금은
모든 카르마를 정리해야 하는
절체절명의 시기인 것입니다.
너무나 혹독한 시련을 거치면서
인고의 세월들을 보내고
이곳에서 새로운 의식의 각성을 이루고
빛의 일꾼과 빛의 전사가 되기 위한
창조주와의 약속을 지키기 위해
약속의 땅인
「빛의 생명나무」로 말판을 옮긴 것입니다.

이 글을 읽고 있는 분이
빛의 일꾼이라면 누구나
자신의 의식각성이 이루어지는
고유한 타임라인이 존재합니다.
그 타임라인에 맞추어 여러분은
상위자아의 도움에 의해
이곳 「빛의 생명나무」로 말판을 옮겨 놓았기에
여기에 와 있는 것입니다.

자유의지 뒤에 숨어 있는
말판 옮기기의 결과로
여러분은 이 곳 「빛의 생명나무」에
오신 것임을 인지해 주시기 바랍니다.

이런 숭고한 뜻을 모르고
「빛의 생명나무」에 잠시 머물다
스스로 말없이 가는 사람들이 있으며
아무것도 모르는 채
우데카에게 강퇴를 당하는 사람들이 있으며
글을 읽다가 스스로 '자진탈퇴' 버튼을 누르고 가는
사람 또한 있을 것입니다.
공부를 하다가도
하늘의 시험인 키질에 날아가 버리는
사람도 있을 것입니다.
의식각성이 자신의 타임라인보다 더딜 경우
더 가혹한 훈련을 위해
거치른 벌판으로, 세상 속으로
자신의 상위자아와 천상정부에 의해
말판을 강제로 옮기는 경우 또한 이루어질 수 있음을
눈치채고 인지해 주시기 바랍니다.

키질

알곡과 쭉정이를 가려내어 까부르는 것

세상에 우연히 일어나는 일은 없으며
빛의 일꾼인 여러분은
상위자아와 천상정부에 의해
치밀한 계획과 완전한 통제 속에서
이곳 「빛의 생명나무」로 인도되고 연결되고
말판이 옮겨졌음을
이해하고 눈치채고 알아채기 바랍니다.
이것이 공부의 시작인 것입니다.

「빛의 생명나무」 탈퇴의 의미

하늘이 그토록 기회를 주었건만
불신 속에서
간을 보는 시간이 길어지거나
부정성이 폭발해서
극심한 감정체의 혼란 속에
세상 속으로 스스로
말판을 옮기는 경우가 속출하고 있습니다.

천상정부와 여러분의 상위자아는
여러분이 「빛의 생명나무」에서
의식이 성장하고
의식의 각성을 이루어서
자신의 상위자아와의 합일을 이루고
빛의 일꾼에서
빛의 전사로 태어나길 간절히 원하고
기대하고 있습니다.

하늘은
여러분의 의식이 잘 성장하고 있는데
어둠의 천사들을 대동하면서까지
가혹한 프로그램을
일부러 작동시킬 계획이나 의도가 없습니다.

의식의 성장이 잘되고 있는데
고통을 줄 목적으로 여러분을
세상이라는 거친 벌판 속으로
말판을 옮길 계획이나
음모를 꾸미고 있지 않음을
우데카가 밝혀드립니다.

모두 자유의지와
자유선택으로 이루어지고 있으며
상위자아가 아닌 여러분에게 선택권이 있음 또한
밝혀드립니다.
알곡과 쭉정이를 가리는 키질 또한
여러분 스스로가 스스로에게 내린
심판이며
게으름이며
불신이며
감정체의 혼돈이며
에고의 자기변명인 것입니다.

보고 또 보다가
참고 또 참았다가
관찰하고 관찰하다가
더 이상의 의식성장이 안되고
「빛의 생명나무」에서 희망이 없다고
판단될 때만이

여러분의 상위자아는
천상정부의 동의를 거쳐
여러분을 거친 벌판으로
말판을 옮기고 있을 뿐입니다.

스스로 붙잡고 있는 에고의 두려움에
'거울아, 거울아~!
세상에서 누가 제일 무섭니?'
우리 마누라! 우리 남편!
스스로 갇힌 사람과
에고의 감정체의 혼란 속에 발생하는
부정성의 폭발과
보지 않고 믿어야 하는
믿음의 본질을 잃어버려서 오는 불신과
의심으로 이어지는 피해의식과
과대망상으로 이어지는 상상력의 자유가
스스로를 비하하고
동료들과 팀장을 비판하고 심판하면서
자신의 부정성을 마구 드러내면서
자진탈퇴를 하시는 분들은
하늘이 강제로 말판을 옮긴 것이 아니라
스스로 선택한 자유의지임을 알려 드립니다.

그에 따른 고통의 강도와
배움의 강도가 매우 강하게 준비되고 있음은

어쩌면 당연한 것이 아니겠는지요?

이 우주에선
아무것도 잘못되는 것은 없습니다.
자신의 타임라인에 따른 의식의 각성과
창조주 앞에서
빛의 일꾼의 소임을 다하고 오겠다는
선서와 각서만이 유효할 뿐입니다.
오직 자신의 자유의지로 선택한 것에 대한
모든 책임은 자신이 져야하며
자신의 상위자아 또한 함께
책임지게 될 것입니다.

그래서 말판을 스스로 옮기든
상위자아에 의해 옮겨지든
공부는 계속될 것이고
공부의 내용과 강도는 더 강해질 것을 알기에
말판을 옮긴 사람들에 대한
분노와 원망 또한 부질없는 것임을 알기에
우데카는 위로와 미안함과 함께
연민의 마음을 전할 뿐입니다.
아무것도 잘못되는 일은 없습니다.

그렇게 될 것이고
그렇게 되었습니다.

하늘의 시험과 키질

도道가 십장十丈이면 마魔도 십장十丈이다.
세상에는 공짜의 법칙이 없다.

한결같이 세상의 이치를 말해주고
우리의 의식의 장을
형성하고 있는 말들입니다.

눈에 보이지 않는 세계와
보이지 않는 세계의 주관자인 하늘과
보이지 않는 손인 천상정부와
보이지 않는 우주의 질서와 법칙을 상징하는
신성한 우주적인 존재들과
창조주에 대한 믿음이 아무리 강하다하더라도
우리에게는 동시에 두려움과 무지 또한
함께 하고 있습니다.

두려움과 무지에서 오는
다양한 부정성은
영성인이나 종교인이나
도판을 기웃거리는 도인이나
크게 다르지 않다는 것을 인식하는데
그리 어렵지 않으며

오래 걸리지도 않습니다.
하늘을 믿는 수준이 각자 다르고
하늘을 믿는 방식이 각자 다르고
하늘을 믿는 의식의 수준이 각자 다르며
하늘을 대하는 수준이 다르고
하늘을 보는 눈이 다르고
하늘에 대해 아는 것이 다르고
하늘에 대해 모르는 것이 다르며
저마다, 개인마다, 집단마다
믿는 하늘과 믿고자 하는 하늘이 다르기에
각자의 하늘이 있을 수밖에 없으며
사람 숫자만큼 하늘 또한 다양하게
인식되고 있는 것입니다.

나의 하늘과
당신의 하늘이 다르며
우리의 하늘이 서로 다른 하늘들을
분별하고 분리하면서
우리의 하늘은 집단적 대립과 갈등이 나타난 지
오래되었습니다.

하늘이 일하는 방식을 이해한다는 것은
내가 믿고 있는 하늘이
당신의 하늘과 다르지 않으며
우리 모두의 하늘과 다르지 않음을

이해하고 받아들이는 것입니다.

너무 많은 하늘을 이제는 정리하고
어둠에 오염된 하늘을
사람들의 마음속에서 태고적 하늘로
조율하고자 하는
하늘과 천상정부의 거대한
프로젝트가 시작되었음을 밝힙니다.

하늘이 일하는 방식이 바로
세상의 펼쳐짐이며
우리의 삶의 이야기이며
우주의 이야기인 것입니다.
우주는 이야기로 되어있다고 말할 때
그것의 의미가 바로 이런 의미이며
그 이야기 속에 당신의 하늘과
나의 하늘이 다르지 않음을
확인하고 공부하는 과정이
전체의식으로 가는 길입니다.

그 길에 먼저 가는 사람과
나중에 가는 사람이 있을 뿐이며
그 과정에 하늘의 시험과 키질이 있으며
아무것도 잘못되는 것이 없는
각자의 고유한 영혼의 진화과정이자

4부

영혼마다 갖는
시간성과 공간성의 의미가 다르기에
키질의 의미 또한
축복이자 사랑일 뿐입니다.

우리는 영혼의 진화를 통해
대우주의 사랑을 체험하고 있으며
모탈세계에 살고 있는 우리에게
하늘의 시험과 키질이 갖는 의미는
하나의 매듭이자
나이테와 같은 것입니다.
아무것도 잘못되는 것이 없음을 알기에
지금은 나의 하늘과
우리의 하늘이 다른 것처럼 보이지만
때가 되어
하늘과 땅이 조율되는 날이 오면
하늘과 땅과 인간이 하나되는
천지인이 합일되는
그날이 오면
우리 모두는 하나일 수밖에 없는 것입니다.

그때의 시작과 함께
알곡과 쭉정이를 고르는
하늘의 키질이 있음은
어쩌면 당연한 것이 아닌지요?

하늘의 시험과 키질의 목적

의식의 차이만큼 믿음의 깊이가 다르며
행동하고 실천하는 모습이 달라집니다.
의식의 각성이 온전하게 이루어지기 전까진
믿음 또한 불완전할 수밖에 없으며
의식의 각성 토대 위에서 이루어지는
혼의식에서 나오는 감정체나
에고는 부정성으로 드러나게 됩니다.

의식이 각성된다는 것은
우리 몸의 진동수가 높아진다는 것이고
몸의 진동수가 높아질수록 그 반발력으로
혼의식이 주관하는 감정체와 에고의 강한
저항과 부정성이 드러나게 됩니다.

이 과정에서 오랜 윤회를 통해 쌓은 카르마와
두려움의 혼의식과 감정 에너지를
다루는 방법을 익히고
혼의식의 불안정하고 부정적인 에너지를
셀프티칭으로 다스리는 것이
가능한지를 시험하는 것입니다.

이 우주는 에너지로 되어 있습니다.
의식 또한 에너지입니다.

의식각성이 된다는 것은
마음이라는 에너지와 생각이라는 에너지와
의식이라는 에너지를 다룰 줄 안다는 것입니다.
그래서 의식이 각성된 사람을 가리켜
에너지 마스터라고 부르는 것입니다.

그 사람이 가장 취약하고
가장 두려워하고 가장 회피하고 싶어 하고
가장 괴로워하는 감정체의 에너지를
드러내고 그것을 인지하고 정화하는 과정에서
부정성이 드러나게 되고
그 부정성을 극복하지 못하거나
부정성인지조차 눈치채지 못하거나
감정체의 혼란을 극복하지 못하고
스스로가 스스로를 심판하는
프로그램이 있는데 이것을
하늘의 시험 또는 키질이라고 합니다.

하늘은 시험을 통해
그 사람을 탈락시키고 벌을 주고자 하는 것이 아닌
부정적인 에너지를 인지하고
부정적인 에너지를 이해하고
부정적인 에너지를 흘려 보내고
스스로가 스스로를 가두고 자기가 자기를
심판하지 않도록 하며
타인을 자신의 잣대로 판단하지 않도록

그 사람의 의식이 각성되도록 하는 데
그 목적이 있습니다.

하늘의 시험은 양날의 칼입니다.
시험은 축복인 동시에 아픔입니다.
하늘은 결코 난이도가 높은 시험 문제를
출제하지 않고 자신의 의식수준에 맞춰
출제하며 이 시험을 통과한 사람은
의식이 한 단계 상승하는 것이며
통과하지 못한 사람은 부정성을
견디어 내야하는 공부의 시간이
다시 주어지는 것입니다.

하늘은 늘 시험을 하지만
심판하지 않는다는 것을 알고
그것이 갖는 의미를 내면에서 느끼고
확장할 수 있는 사람은 의식이 각성된 사람이며
하늘의 시험을 통과한 사람입니다.
자신을 자신의 의식에 가두거나
판단하지 않는 사람은 하늘의 시험을 받지 않습니다.
자신을 의심하지 않고 판단하지 않는 것처럼
타인 또한 의심하지 않고 판단하지 않는 사람은
이미 상위자아와 합일된 사람이며
전체의식 속에 있는 사람입니다.

세상의 지식 내려놓기

마음은 크기가 있으며
마음은 넓이 또한 있으며
생각 또한 깊이와 넓이가 있으며
의식은 높음과 낮음이 존재합니다.

넓이와 깊이 높음과 낮음이 있다 함은
서로 다른 층위가 존재하는 것이므로
이것을 차원이나 에너지의 다양한
스펙트럼❖으로 인식하게 됩니다.

스펙트럼(spectrum)

빛이 프리즘 등의 도구로 파장에 따라 분해되어 펼쳐지는 것처럼, 어떤 종결되고 복합된 것이 여러 개의 요소로 분해되어 펼쳐진 것을 말함.

하늘의 시험과 키질이란
항상 낮은 곳에서 행함의 실천이 있는
사람에게는 잘 오지 않습니다.
시간이 지나도 의식이 정체되거나
자신의 사고의 틀이 너무 강해
땅의 것은 잘 수용하고 받아들이면서
하늘의 지식은 잘 수용하고 받아들이지 못하면서
옛것(세상 지식)을 놓지 못해
새로운 것은 받아들이지 못하는 사람 또한
언제든 키질의 대상이 될 수 있습니다.

우데카가 말하고 있는 대부분의 이야기들은
세상의 것과 언뜻 보면 비슷해 보일지라도

그 본질에 있어선 세상의 기존지식들과는
근본적으로 다르다는 것을
눈치채고
알아채서
옛것(세상적인 것)을 버리고
새로운 지식으로
새로운 세상을 열기 위해 준비하는 곳이
「빛의 생명나무」입니다.

세상에서 배워서 알고 있는 것이
얼마나 많이 오염되었는지는
이곳에서 몇 달만 공부해 보면
명확해질 것입니다.
세상에서 배운 지식과 기술에 집착할수록
새로운 것을 받아들이고 수용하는 것이
힘들다는 것을 알고 있고
대부분 갈등 속에서 고민을 하다가
하늘의 키질 대상이 되어
스스로 「빛의 생명나무」를 나가게 됩니다.

하늘은 자신의 그릇만큼 주는 것이지
자신의 그릇을 넘어서는 능력을 주는 일은
이 우주에선 없습니다.
세상에서 배운 것을 내려놓지 못해
스스로 발목이 잡혀

앞으로 나가지도 못하고
의식이 정체되면 이 또한
하늘의 시험과 키질은 준비되는 것입니다.

「빛의 생명나무」는 영성을 통한 배움터가 아닌
3차원 물질문명의 매트릭스 구조를 공부하고
그 뒤에 숨어 있는
보이지 않는 세계의 원리를 이해하고
그 원리 속에서 창조주의 사랑을 이해하고
우주가 순행하는 원리를 배우고
우주가 확장하는 원리를 배우는 곳입니다.

지구의 문명이 종결되는 이 시점에
세상의 지식에 집착할 것이 무엇이며
세상의 지식으로
무엇을 할 수 있단 말입니까?
다 부질없음을 알면서
그 안에서 부질없음을 체험하면서도
세상에서 배운 지식으로
세상을 바꿀 수 있다고 생각하는지요?

오호 통재❖라
그래서 그렇게
힘들고 외로운 길이지요.

오호통재(嗚呼痛哉)
'아아 슬프고 원통하다'는 뜻으로, 주로 탄식할 때 쓰는 말

하늘문은 좁습니다

하늘문은 좁습니다.
공부 도중에 탈락하는 사람도 있지만
하강하는 영혼들은 초반에 탈락하는
사람은 많지 않습니다.
빛의 일꾼들은 어려운
삶의 아리랑 고개를 넘고 넘어
이곳「빛의 생명나무」에 오게 됩니다.

하늘문은 참 좁습니다.
빛의 일꾼들이 가장 많이
전사(탈락)하는 곳이 어디인 줄 아십니까?
중도에 포기를 하거나
탈락하는 사람은 간혹 있지만
대부분의 시체들은 바로 좁은 문
출입구 앞이라는 사실을 알아채십시오.

하늘문은 참 좁습니다.
빛의 일꾼이라면 누구나
하늘문 가까이는 옵니다.
동료나 지인들의 도움을 받거나
스스로 의지를 가지고
내면의 소리를 듣고서

입구까지는 대부분 도착합니다.

하늘문은 참 좁습니다.
입구에 도착해보면 이미 쓰러져간
동료나 동지들의 시신이 보이고
전사한(탈락한) 동료들의 시신이 산을 이루고
피가 강을 이루어 흐르는 것을 보게 될 것입니다.
그 출입문은 바로
종교인과 영성인의 경계를 말함이며
한 발을 담근 자와 두 발을 담근 자의 차이이며
간을 보는 자와 자신을 던진 자의 차이이며
세상의 지식으로 세상을 바꿀 것이냐
하늘 지식으로 세상을 바꿀 것이냐의 차이이며
적당히 할 것인가 아니면
모든 것을 던져서 할 것인가의 선택의 문제입니다.

하늘문은 참 좁습니다.
혼의식과 영의식의 합일 없이는
들어갈 수 없는 문입니다.
그 하늘문의 이름은 상위자아와의 합일이며
영의식과 혼의식의 합일인 것입니다.

하늘문은 참 좁습니다.
그 하늘문의 이름을
우데카가 알려 드립니다.

빛과 어둠의 통합이
바로 그 하늘문의 이름입니다.
자신의 내부에서 빛과 어둠의 통합을 이룬 자만이
좁은 하늘문을 통과하게 될 것입니다.

하늘문은 참 좁습니다.
영의식은 창조주께서 창조하신
우주의 전체의식과 연결된
온전한 빛의 에너지입니다.
혼의식은 오리온 성단의 주관자이신
여호와의 의식에서 태동한 것으로
물질체험을 위해 창조된 상대적인 어둠을 말합니다.
영의식과 혼의식의 통합이 바로
빛과 어둠의 통합이며
상위자아와의 합일이 갖는 의미입니다.

하늘문은 참 좁습니다.
자신의 상위자와 합일되지 못하는 사람은
빛의 일꾼이 될 수 없으며
빛과 어둠을 자신의 내면에서 통합할 수 없으며
감정체인 에고의 감옥에 갇혀
부정성 덩어리로 살고 있는
에고의 괴물들입니다.

빛의 일꾼들의 건투를 빕니다.

하늘문에 이르는 시험

4부

하늘에 이르는 문 앞까지는
빛의 일꾼이라면
어떻게 해서라도 오게 되어 있으며
참 많은 사연들과 인연들을 가지고
오는 것입니다.

삶의 고비마다 매듭이 맺히고
삶의 골목마다 보이지 않는 손들이
개입하고 있었으며
내 삶의 전반에 그 보이지 않는 손들이
작용하고 있음을 알아챘다는 것은
그리 쉬운 일이 아닙니다.
빛의 일꾼이라면 대부분
「빛의 생명나무」로 오게 되어 있습니다.

「빛의 생명나무」 오프라인에서
우데카의 시험을 통과하여야 하며
우데카의 독설로
자존심이 상하다 못해
자존심이 나락으로 떨어지는
절망감 또한 잘 이겨내야 합니다.
하늘문은 결코
가기 쉬운 길이 아닙니다.

아주 좁은 문에서 홀로
자신의 내면과 오롯이 마주한 자가 아니면
통과할 수 없는 아주 좁은 문입니다.
이곳에는 탈락하거나 전사한 동지들이
가득한 곳입니다.

우데카의 눈을 피해 가더라도
여러분은 상위자아와 천상정부의 눈을
통과해야 하며
상위자아와의 티칭을 통과해야 하며
현란한 어둠의 천사들과
유능한 귀신 선생들의 시험 또한
통과해야 합니다.
이곳 좁은 문에는 너무 많은 사람들이
공부를 위해 대기 중이며
안타깝게 전사하는 동지나 동료들의 시체가
산처럼 쌓여 있는 아주 좁은 문입니다.

상위자아의 코칭과 티칭을 무사히
통과하더라도 더 높은 차원의
상위자아의 티칭이 기다리고 있으며
더 높은 수준의 시험과
더 강도 높은 훈련과 시험이
기다리고 있습니다.
자신의 마지막 남은 자존심마저 버리고
오직 자신의 상위자아를 믿고

천상정부를 믿고
자신의 동료를 믿으면서
함께 전체의식 속으로 하나가 될 때만이
이 좁은 문을 통과할 수 있을 것입니다.
하늘의 시험은
지구 프로젝트가 끝나는 마지막 순간까지
지속될 것이며
곳곳에서 전사한 동료들을
많이 볼 수 있을 것입니다.

하늘의 시험은
빛의 일꾼 프로젝트가 끝날 때까지 지속되며
잠시 한눈을 팔거나
방심을 하거나
의식의 각성이 정체되며
매너리즘에 빠져 버린다면
바로 시험의 순간이 다가오며
그 누구도 이 시험을 피할 수 없으며
이러한 시험 없이는
성장할 수도 없는 것입니다.
이곳의 문은 더욱더 좁은 문으로
많은 사람들이 전사하는 문입니다.

시험의 순간은 축복의 시간이자
내가 더 높은 의식의 영역으로
도약할 수 있는 기회이며

나를 업그레이드할 수 있는
좋은 기회입니다.
그 기회는 곧 위기이며
위기는 곧 기회인 것입니다.
하늘문이 좁다는 것은
만인에게 주어지는
공평한 기회이자 축복입니다.
하늘은 스스로 돕는 자를 돕는 것이고
하늘은 좁은 문에 이르는 길을 아는
노련한 전문가를 기다리고 있을 뿐입니다.
가장 최종 목적지인 자신과의 싸움에서
승리하는 자들이 문을 열고 들어오는
이 문 앞에는 가장 많은 전사자들이
출입문 앞에 시체로 쌓여 있는 곳입니다.

자신과의 싸움에서 승리한 자만이
마지막 공부를 위한 치열한 전장에서
살아남아
빛의 일꾼에서
빛의 전사가 될 수 있는
통로이자 그 좁은 문이
「빛의 생명나무」가 갖는 의미입니다.

하늘문을 여는 관건

하늘을 담는 그릇은
오직 자신의 마음의 그릇이 확장되는 것과
의식의 각성뿐입니다.
자신의 마음의 그릇을 우리는 덕德이라고 합니다.
타인에 대한 덕에는 인덕과 공덕이 있습니다.
타인에 대한 덕이 없는 사람이
어찌 높은 깨달음을 얻을 수 있겠습니까?
이 사회와 공동체에 대한 믿음 없이
어찌 길거리에 떨어진 휴지 한 조각을
주울 수 있겠습니까?

하늘을 찾고 하늘을 부르짖고
하늘의 일을 하려는 빛의 일꾼들이여!
하늘사람인 하강하는 영혼들이여!

어찌 덕이 없는 깨달음을 구하는가?
어찌 사랑이 없는 마음으로
하늘의 지혜를 구하는가?
어찌 자비가 없는 마음으로
하늘의 덕을 구하는가?
어찌 어설픈 동정심만으로
이 지구를 구할 수 있다고 믿고 있는가?
냉철함 없이 어찌

이 우주의 순리를 지켜낼 수 있겠는가?

어찌 자신을 사랑하지 않으면서
진실한 사랑을 이성에게서만 찾고 있는가?
어찌 자신의 내면의 신성을 믿지 않으면서
외부에 있는 하늘을 찾고 신의 음성을
들으려 하는가?
어찌 어느 순간에도 흔들리지 않는
자신을 믿는 마음 없이
함께하는 동료들을 믿는 마음 없이
하늘을 믿는 마음 없이
어찌 확실하고 명쾌하고 똑 부러지는
하늘의 뜻을 찾고 있는가?

어찌 그대의 사랑의 부재와 사랑의 실패를
그대에게 또는 그이에게 전가하려는가?
끊임없이 얻는 것과 잃는 것을 계산하면서
어찌 그대가 하늘의 마음을 얻으려 하는가?
동료의 마음을 얻지 못하고
동지의 마음을 얻지 못하며
내 이웃의 마음을 얻지 못하면서
어찌 하늘의 마음을 움직이려 하는가?
하늘의 일꾼이고 싶은가?
하늘사람이고 싶은가?
그대 폼나고 뽀대나는 빛의 일꾼이고 싶은가?
그대가 하강하는 영혼이라고

인정받고 자랑하고 과시하고 싶은가?
그대의 우주에서의 신분이 높지 않아
슬프고 괴로운가?
그대가 우주에서의 신분이 누구이든
우리 모두는 창조주의 자녀가 아닌 사람이
이 지구에 단 한 사람이라도 있는가?

하늘문은 참 좁습니다.
어찌 자신을 감동시키지 못하면서
하늘을 감동시킬 수 있다고 생각하는가?
어찌 자신을 사랑하지 않으면서
입으로만 사랑을 말하고 있는가?
어찌 자신을 믿지 못하면서
하늘의 신뢰와 믿음을 얻으려 하는가?

하늘문은 참 좁습니다.
그래서 이 길은 가야하는 길이고
생명의 길이며 진리의 길이며
영혼이 기뻐하는 길인 것입니다.

나를 믿고 나를 사랑하고
나를 의지하지 않는 자는
결코 하늘의 좁은 문에 들지 못할 것입니다.

하늘문을 여는 자 1

잃을 것이 많은 사람이
변화에 대한 두려움이 더 많으며
자신이 많이 안다고 생각하거나
자신의 경험 안에서
신념이 강한 사람일수록
자기 것을 지키려는 경향이 더 강합니다.
새로운 세상에 대한 갈망은
늘 새로운 것을 받아들이고
가난하고 배우지 못하거나
절박한 처지나 절박한 환경에 있는
사람들의 몫인 것입니다.

자신의 십자가를 지기 싫어하면서
자신을 구할 수 있다고 믿고 있다면
그것은 대단한 착각인 것입니다.
자신의 삶의 무게를
스스로 견뎌내지 못하면서
주변상황에 묻어가거나 무임승차로
어디까지 갈 수 있다고 생각하십니까?

영적인 독립 없이
영적인 각성 없이
영적인 체험만으로

믿음을 완성할 수 있다고 믿으십니까?

당신이 예수의 아바타이고
부처의 아바타이고
아보날 그룹의 아바타라 할지라도
의식의 각성 없이
이 지구에서
이 우주에서
무엇을 할 수 있다고 생각하는지요?

하늘의 일을 하고는 싶으신지요?
당신의 내면에서
당신의 상위자아가 당신에게 늘
묻고 있는 질문입니다.

하늘의 일을 왜 하고 싶으신지요?
하늘이 당신이 원하기만 하면
하늘의 일을 할 수 있다고 생각하시는지요?

당신이 바란다고
당신이 간절히 희망한다고
당신이 구한다고
하늘이 쉽게 당신에게
하늘의 일을 할 수 있도록 허락할 거라고
착각하지 마십시오.
오직 준비된 자만이

스스로를 비우고 완성한 자만이
스스로 구하고 스스로 돕는 사람에게만
이 우주의 주인이 될 준비가 된 인자에게만
수많은 인고의 세월을 견딘 인자에게
수많은 시험들을 통과한 인자에게
하늘의 법은 이어지며
하늘의 사명이 주어지며
하늘의 뜻이
그대들 빛의 일꾼들을 통해
이 땅 위에서 펼쳐지는 것입니다.

하늘의 마음을 담을 수 있는 인자에게
하늘의 뜻을 품을 수 있는 인자에게
하늘의 사랑을 이해하는 인자에게
하늘의 고뇌와 고통을 아는 인자에게
하늘 아버지와
하늘 어머니의 마음에 공명하고
함께 할 수 있는 준비된 자녀에게
하늘의 뜻은 늘 함께 할 것입니다.

그렇게 될 것이며
그렇게 되었으며
그렇게 되었습니다.

하늘문을 여는 자 2

죄인은 많으나 의인義人은 없으며
종은 많으나 주인은 없으며
기도는 많으나 하늘의 기도는 없으며
울부짖음은 많으나 꾸짖는 자 없도다!
가르침은 많으나 구할 곳이 없구나!

애쓰는 사람은 많으나
순리를 아는 자 없으며
복을 구하는 자 많으나
복 짓는 자 없구나!
길을 찾는 자 많으나
길 밖에서 길을 찾는구나!
종의 길과 주인의 길이 다르듯
물질의 종들이
욕망의 종들이
아버지의 뜻을 헤아리지 못하는구나!

온 곳을 아는 자
겸손을 알 것이며
돌아갈 곳을 아는 자
감사함의 자리에 있을 것이다.

진리를 구하는 자
행함의 도를 실천하는 자라.
생명을 구하는 자
우주의 씨앗이 될 것이며
우주의 보물이 될 것이라.

주인은 주인답게 일할 것이며
종은 종에게 주어진 일만 할 것이며
일꾼은 일꾼처럼 일할 것이며
빛의 전사는
우주 군인의 신분을 되찾을 것입니다.

하늘을 담는 자
우주의 진화를 담당할 것이며
하늘을 아는 자
하늘의 이치를 땅에 펼칠 것이며
하늘의 공평무사함을 아는 자
성인불인의 마음으로 공무를 집행할 것입니다.
하늘이 돕는 자
하늘의 일을 땅에서 이룰 것입니다.

자신을 버리고
자존심을 버리고
자신의 에고를 정화하고
상위자아와 합일된 사람만이

빛의 일꾼이 될 것이며
빛과 어둠을 통합하는 사람이 될 것이며
영의식과 혼의식의 합일의 문에
도달할 수 있을 것이며
하늘의 좁은 문으로 들어 갈 것입니다.

하늘문을 여는 자
하늘사람이며
우주의 전사이며
하늘 아버지가 기뻐하는 자식이며
하늘 어머니의 사랑스러운 자녀일지니
하늘문을 여는 자
복되고 복되도다!
하늘의 영광이 땅에서 이루어질 것입니다.
하늘의 사랑이 땅에서 피어날 것입니다.
하늘의 위대한 사랑이
땅의 축복이 될 것입니다.

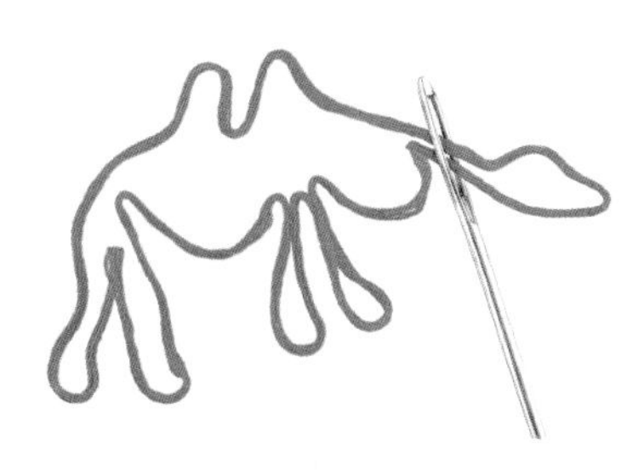

5부. 황금나팔 소리와 상위자아 티칭

빛의 인연이 있는 자
빛 속에 머물 것이고
빛의 소리를 듣는 자
자신의 내면의 소리를 듣게 될 것입니다.
기다리고 기다리던
그때가 지금임을 알리는
천상의 북소리가 지금 이 순간
하늘사람들에게 힘차게
울려 퍼지고 있습니다.

일꾼을 깨우는 자명종, 황금나팔 소리

들판에 곡식은 한창 무르익고 있으며
곡식을 수확할 장비들과 일꾼들이
속속 준비되고 있으며
깨어나고 있습니다.
이것은 안팎으로 진행되고 있으며
안에서 진행되는 대부분의 작업은
아무도 모르게 준비되고 있으며
아주 은밀하면서 치밀하게
자신의 상위자아와 천상정부에 의해서
준비되고 계획되고 있습니다.

빛의 일꾼에게 준비한
상위자아와 천상정부의 선물이 있는데
그것이 바로 황금나팔 소리입니다.
내가 남과 참 많이 다르다는
의식을 갖고 살면서도
눈뜨지 못했던 의식을 깨우고자
아주 은밀하게 하늘이 사인sign을 주고 있으며
그 사인을 믿고
「빛의 생명나무」로 오는 사람이
늘어나고 있습니다.
황금나팔 소리는 자신의 상위자아와

천상정부가 때가 되었으며
자신의 타임라인이 지금임을 알리는
빛의 일꾼에게 주는
일종의 메시지이며
일종의 신호이며
일방통행이 아닌
자신과 자신의 상위자아가
약속한 프로그램입니다.

의식이 각성될 때나
사고의 대전환이 필요할 때
알아챔과 눈치챔이 있을 때
자신의 내면에서 강하게 밀려오는 느낌이나
내면에서 강하게 들리는 소리이거나
강한 끌림을 동반한 느낌이 있는데
이것을 황금나팔 소리라고 합니다.
이 황금나팔 소리는 들려주는 타이밍과
듣는 사람의 타이밍이 아주 중요한데
이것을 줄탁동시啐啄同時❖라고 표현합니다.

황금나팔 소리는 외부에서 오는
소리나 느낌이 아니기에
오직 자신만이 느끼고
오직 자신만이 분별할 수 있을 뿐입니다.
내면과의 대화를 시작하는 사람이 있으며

줄탁동시
啐啄同時

병아리가 부화할 때 알속에서 병아리가 쪼는 것을 '줄(啐)'이라 하고, 그 소리를 듣고 어미 닭이 밖에서 쪼는 것을 '탁(啄)'이라고 함. 이것이 동시에 이루어질 때만이 소기의 목적을 온전히 달성할 수 있다는 뜻으로 널리 쓰임.

내면의 소리를 글로 기록하는 사람도 있으며
빛을 보는 사람도 있으며
다양한 홀로그램 영상을 보는 사람들 또한
급증하고 있습니다.
꿈속에서 다양하고 기이한 현상들을
보는 사람 또한 많이 있으며
공부하는 사람들 중에는
우데카를 꿈속에서 만난 사람도 있습니다.
이런 모든 현상들은
여러분의 의식을 깨우고자 하는
하늘의 황금나팔 소리라는 것을
밝혀드립니다.

황금나팔 소리는
여러분의 의식의 각성❖이
80% 이상 깨어날 때까지 멈추지 않고
지속될 예정입니다.
차크라❖가 연결된 사람이거나
차크라를 연결하지 않은 사람이거나
자신이 빛의 일꾼임을 이해하는 사람과
빛의 일꾼이 뭐하는 사람인지
이해하지도 알지도 못하는 사람들에게
무차별적으로
자신의 타임라인에 맞추어서 깨우는
하늘의 소리이자

의식의 각성

차크라가 개통되면 가슴 차크라를 통해 우리의 영(靈)이 거하는 심장으로 대량의 빛이 유입되면서 의식이 급속히 깨어남.

차크라(chakra)

산스크리트어(인도의 고대어, 梵語로 '바퀴' 또는 '원반'의 뜻. 신체에 있는 에너지 센터로
12개가 있으며 정신적, 육체적 힘의 중심점. 12 차크라가 열려야 온전한 빛의 통로가 확보됩니다.
(「144,000과 12차크라」 참조)

하늘의 줄탁동시 프로그램입니다.

이상한 신비체험이 동기가 되거나
자신의 내면의 소리를 듣거나
강한 끌림으로
「빛의 생명나무」로 오는 사람들이 많습니다.
고집이 세고
아집과 아상이 강한 사람들은
토끼몰이 하는 방식으로
어쩔 수 없이 몰이를 당하다
한숨과 원망 속에
분노 속에
자신도 모르게 「빛의 생명나무」 카페에
오는 사람들 또한 많이 있습니다.
이것 또한 황금나팔 소리의 다양한 유형이자
하늘이 일하는 방식중 하나일 뿐입니다.

최고의 황금나팔 소리, 눈치챔과 알아챔

세상에 오직 믿을 것은
자신의 상위자아와 천상정부밖에 없음을
눈치채고 알아챈 사람은
이미 내면과의 대화를 통해
자신의 상위자아와 소통이 된 사람이거나
하늘이 일하는 방식에 대한 이해가
온전한 사람일 것입니다.

하늘을 하늘의 방식으로 이해하고
하늘의 의식의 패러다임에
나의 의식의 패러다임❖을 접속시켜서
스펀지처럼 빨아들여야 함에도 불구하고
의식이 각성되지 못한 사람들은
자신의 의식수준으로
자신의 방식으로
하늘을 이해하고 우주를 이해하려는
인식의 틀을 고집하고 있습니다.

내가 이해한 만큼 이해하고
내가 소화한 만큼 하늘이 이해되기에
내 의식수준에서
하늘을 이해하는 방식을 고집한다면

패러다임 (paradigm)

어떤 한 시대 사람들의 견해나 사고를 근본적으로 규정하고 있는 테두리로서의 인식의 체계. 또는 사물에 대한 이론적인 틀이나 체계

우물 안에서 우물 안을 넓히고자 애쓰는
어리석음을 버리지 못하고 있는 것입니다.
하늘은 인간이 상상하는 범위를 넘어서서
땅의 일들을 계획하고 집행하고 있기에
하늘이 일하는 방식을 이해하기에는
3차원의 물질세계에 갇혀있는 의식으로는
퍼즐의 한 조각도 맞추기 어렵습니다.
하늘이 일하는 방식은 늘
인간의 상상력의 범위를 넘어 있으며
이해할 수도 예측할 수도 없습니다.

하늘의 일을 내가 판단하고
예측할 수 있다고 생각하는 순간에
온갖 부정성이 시작될 것이고
자만과 교만이 고개를 들 것입니다.
하늘의 시험은 어렵고 힘들게 진행될 것이고
자신의 함량만큼
자신의 그릇만큼
자신의 의식수준에서
치열하고도 교묘하게 진행될 것이고
상위자아의 티칭 또한
그렇게 준비되어 있으며
그렇게 시작되고 있음을
우데카가 전합니다.
매 순간 깨어있음으로써

가장 낮은 곳에서 편안할 줄 아는
그 마음의 평온함 속에서
자신의 타임라인에 맞추어 진행하고 있는
황금나팔 소리를 듣기를 바랍니다.

자신이 깨어나야 할 때
깨어나야 하며
의식이 각성되어야 할 때
의식각성이 일어나야 하기에
하늘의 일은 준비하는 시간이 매우 길고
매우 세밀하고도
매우 치밀하게
빛의 일꾼들을 준비시키고 있습니다.

복기(復碁)

한 번 두고 난 바둑을 처음부터 다시 놓는 것을 말함. 여기서는 비디오 테이프를 되감아 보듯이 자신의 삶을 전체적으로 다시 되돌아본다는 뜻.

자신의 삶의 과정을 복기復碁❖해 보십시오.
삶의 굴곡이 있을 때마다
여러분의 상위자아와 천상정부는
여러분 삶의 곳곳에 흔적을 남겨 두었고
이 흔적을 찾아내고 눈치채고
알아채기 바랍니다.
이것이 최고의 황금나팔 소리입니다.

길게는 250만 년 동안 윤회해온
최종 성적표와 최종 목적이
지금 이 시대와 지금 이 순간에

집중되어 있습니다.
하늘이 당신을 빛의 일꾼과
빛의 전사로 준비시키기 위해
얼마나 오랫동안
얼마나 긴 세월 동안 준비시키고
훈련시켜 왔는지를 인지하고
느낌으로 직관으로 이해하는 사람이라면
당신은 이미 황금나팔 소리를 듣고 있는
사람이며 깨어있는 사람입니다.

「빛의 생명나무」는 이런 황금나팔 소리를
듣고 오는 사람들을 위한 「우주학교」입니다.
빛의 일꾼을 깨우는
황금나팔 소리의 강도가 강해지고 있으며
황금나팔 소리의 유형 역시
다양해지고 있습니다.
빛의 인연이 있는 자
빛 속에 머물 것이고
빛의 소리를 듣는 자
자신의 내면의 소리를 듣게 될 것입니다.

기다리고 기다리던
그때가 지금임을 알리는
천상의 북소리가 지금 이 순간
하늘사람들에게 힘차게 울려 퍼지고 있습니다.

그대 아직도 잠들어 있는가?

가슴에 뜨거움을 품고 있는 빛의 일꾼들이여!
가슴을 이야기하는 영성인들이여!
서로의 가슴과 가슴은 연결되어 있습니다.
그 가슴을 함부로
나의 에고*의 무게로 이야기하지 마십시오.
가슴을 이야기할 때에는
산속에 속살처럼 수줍게 피어있는 진달래처럼
그대의 마음속에 있는 신성한 영혼의
삼중불꽃을 피어낼 수는 없는가?

그대는 내면에서 타오르는
삼중불꽃*도 피우지도 못한 채
어찌 그리도 하고 싶은 말이 많은가?
어찌 그리도 귀를 닫고
어찌 그리도 눈을 닫고서
믿음의 세계를 3차원의 논리로만 판단하는가?
보지 않고 믿는 것이 믿음의 본질이거늘
어찌 보이는 것만을 쫓아가는가?
그대는 어찌하여 에고의 눈으로만
세상을 보고 있는가?
자신의 마음의 문을 열지 못한 자가
어찌 타인의 마음의 문을 열 것이며

에고
(ego, self, 자아自我)
희로애락을 느끼는 감정체이자 욕망의 화신이며 시시비비를 판단하는 생각과 분별의식의 주체로 '나 자신'을 가리킴. 종종 의식이 깨어나지 못해 부정성에 휘둘리는 어린아이로 비유됨.

삼중불꽃
보통 깨달았다고 표현하는 행위는 지혜에 통달했을 때에 나타나는 현상인데, 심장센터에서 발화된 삼중불꽃이 활활 타오르면서 나타난다고 함.

물질의 세계가 곧 어둠의 매트릭스이거늘
아직도 그대 그 곳에서 잠들어 있는가?
이제 그때가 곧 올 것이고
준비하지 못한 자들의 울부짖음이
산천을 울릴 것이고
깨어나지 못한 자들의 곡소리가
온 산천을 덮을 것이라!

그대는 이제 무명無明에서 깨어나고
그대는 물질의 환영에서 깨어나
어둠의 매트릭스를 정면으로 살펴보시게나.
잠들어 있고 신음하고 있는
당신의 동료들과 이웃의 고통 소리가
들리지 않는가?
그때가 지금임을 아는가?
이것을 어찌 말로 설명할 수 있으며
이것을 어찌 글로 표현할 수 있겠는가?
오직 내면의 북소리로 들을 수 있을 뿐이며
오직 느낌으로 공감할 수 있을 뿐이거늘.

그대는 아직도 하늘이
'○○아! 일어나라!
너는 빛의 일꾼이다!
빛의 길을 가라!'
이런 소리를 들려 줄 것이라 생각하는가?

그대는 하늘사람이며
그대는 빛의 일꾼이며
그대는 빛나는 빛의 전사이며
그대는 용맹한 우주의 군인이 아니던가?
이제는 깨어나
마음을 열고
의식을 깨워서
온전한 하늘사람이 되어
빛의 일꾼을 넘어서
빛의 일을 하러온 전사로서
다시 태어나야 하지 않겠는가?

당신을 깨우는 황금나팔 소리를
어디에서 찾고 있는가?
지금 이 순간 당신의 가슴속에서
이렇게 울려 퍼지고 있지 않는가?

황금나팔 소리의 유형

빛의 일꾼을 깨우는 다양한 방법을
황금나팔 소리라고 합니다.
천상정부의 가브리엘 그룹❖이 주관하며
하강하는 영혼들 중에서
빛의 일꾼 144,000명에게
자신의 타임라인에 맞추어 들려주는 소리이며
각자 의식수준에 맞게 적절한 시기에
적절한 방법으로 황금나팔 소리를
들려주고 있습니다.

가브리엘(Gabriel) 그룹

천상정부 12 천사 그룹 중 하나. 채널링과 영상메시지를 전달하는 하늘의 전령. (P.163 대천사 도표 참조)

황금나팔 소리는
빛의 일꾼에게 소집명령을 내리는 것이며
자신의 타임라인에 맞추어 진행되는
하늘의 소리이며
자신의 내면에서 들리는 소리이자
꿈속에서 들리는 소리이자
아무에게도 말할 수 없을 만큼
본인 스스로도 믿기 어려운 소리나
다양한 빛이나 형상 등을
듣고 보는 것을 말합니다.

2015년 6월 22일 하지점을 기점으로

제2의 황금나팔 소리가
지구 전체에 울려 퍼지고 있습니다.

빛의 일꾼들과 어둠의 일꾼들을 깨우는
천상정부의 제2의 황금나팔 소리가
시작되었으며
상위자아 티칭이 빛의 일꾼들 중에
타임라인에 따라 시작되고 있음을 전합니다.
아무도 이 황금나팔 소리를 피해갈 수는 없으며
의식이 깨어날 때까지 멈추지 않고
들릴 것이고 보여줄 것입니다.

하늘에서 약속하고 내려온 일들이
빛의 일꾼들에게 통보되고 있는 것이며
각자 의식수준에 맞게 자신의 타임라인에 맞게
철저하게 치밀하게 준비되고 계획되고
있는 것임을 눈치채고 알아채기 바랍니다.

피할 수도 없으며
도망갈 곳도 없으며
군대에 가야하는 운명처럼
그렇게 그렇게 깨어날 것입니다.
축하드립니다.
어서 오십시오.

무명無明 속에 살고 있는
당신의 이웃을 무엇으로 어떻게
깨울 수 있다고 생각하는가?
물질의 매트릭스 속에 갇혀
보이는 것만을 믿으며
9시 뉴스가 삶의 최고 정보라고 믿고 있는
그대 이웃의 3푼짜리 정의감을 보고도
그대는 어찌 편안한 잠을 잘 수 있으며
현학적인 철학을 이야기하며
커피 한 잔의 여유와 낭만을 즐기고 있는가?

당신은 창조주의 신성한 명령을
집행하러 온 빛의 일꾼이며
당신은 우주에서 빛나는 빛의 전사이며
우주의 질서를 바로잡는
우주의 군인 중에 군인이 아니던가?

그런 당신은 지금
그때가 지금 일진데
군인의 정신은 어디가고
자신의 고향 행성으로
자신의 우주선으로 비린내 나는
지구의 화폐와 물질을 가지고 가려 하는가?
그대 아직도 물질의 매트릭스에 갇혀
달콤한 꿈을 꾸고 있는가?

황금나팔 소리의 유형

- 내면에서 작게 들리던 소리가 더 크게 더 뚜렷하게 들립니다.
- 꿈속이나 무의식 중에 보여주는 빛이나 형상이 아주 뚜렷해지며 어떤 상징이나 메시지를 전해 줍니다.
- 외부에서 들리는 소리가 아닌 자신의 내부에서 들리는 소리로 이해할 수 없는 단어를 계속 들려줍니다. 가령, 입대해야지! 그만 자고 일어나! 차크라! 우데카! 빛의 생명나무 등 다양한 말을 반복적으로 주기적으로 들려줍니다.
- 예전부터 이와 같은 소리를 듣고 있던 사람들은 볼륨을 높여 더 뚜렷하게 들려줍니다.
- 상위자아의 티칭이나 코칭이 아주 은밀하게 아주 조심스럽게 진행됩니다.
- 빛의 일꾼이라면 누구에게나 들리는 소리이며 자신의 타임라인에 맞추어 진행되는 하늘의 소리입니다. 「빛의 생명나무」를 알든 모르든 빛의 일꾼이라면 누구나 시간과 공간에 제약없이 들을 수 있습니다.
- 빛의 일꾼뿐만 아니라 어둠의 일꾼을 깨우는 황금나팔 소리 또한 함께 들리고 있으며 어둠의 일꾼들을 깨우는 황금나팔 소리는 더 일찍 시작되었으며 더 강도 높게 시작되었습니다.

빛의 대천사와 루시엘 대천사

	대 천 사	역 할
1	가브리엘 (Gabriel)	채널링과 영상(형상) 메시지를 전달하는 하늘의 전령으로서 이번 지구 차원상승 프로젝트를 총괄하는 그룹
2	미카엘 (Michael)	용맹은 물론 지력까지 갖춘 최고의 전사 그룹으로서 인간의 생명과 안전을 수호하고 3차원 인간들의 두려움, 공포심, 부정성을 정화하는 역할
3	자드키엘 (Zadkiel)	'신의 공정(公正)'이라는 뜻의 절대중립의 대천사. 현재는 빛과 어둠의 징검다리 역할
4	유리엘 (Uriel)	우주의 운행과 지구의 기상을 주관하여 물, 공기 등의 정화와 지구의 환경을 최적으로 유지하는 역할
5	하니엘 (Haniel)	사랑의 불꽃을 일으키게 하는 '사랑과 미(美)'의 천사로 지구 프로젝트에서 동 · 식물을 주관, 통제하고 의식의 상승과 각성의 역할이 있음
6	메타트론 (Metatron)	지구의 자기장(grid, vortex), stargate, 역장 등을 관리. 특히 역장은 지구 차원상승 시 자연재해로부터 인류를 보호하고 광자에너지 증폭을 통해 인체를 빛의 몸으로 변모시키는 중심지
7	사무엘 (Samuel)	빛 · 중간 · 어둠의 일꾼들의 역할 이수율에 따라 공(功)이 있으면 역할을 확대하고 과(過)가 있으면 축소(처벌)하는 등의 신상필벌(信賞必罰)을 담당
8	라미엘 (Ramiel)	하나님을 그림자처럼 따라다니며 보필하는 비서실장의 역할로 '신의 번개'라는 이름 그대로 순간순간 직감적으로 판단하고 결정해야 할 일이 많음
9	라파엘 (Raphael)	인간과 영혼의 육체적, 영적 치유를 담당하는 천상의 의사 그룹으로서 차크라 개통과 혼의식 정화 등의 역할을 수행
10	아즈라엘 (Azrael)	죽음과 관련된 상황에서 생사여탈권을 결정하는 중요한 역할을 수행하므로 감정에 휘둘리지 않는 절대중립, 객관적인 자세가 필요함
11	카무엘 (Camuel)	집, 건물 등을 만드는 건축이나 시설과 관련된 일을 담당
12	에레니엘 (Ereniel)	문서상의 규율, 사무적인 일들은 물론 법과 관련된 일, 행정 절차 등을 관리
13	루시엘 (Luciel)	빛은 어둠 속에서 탄생하고 어둠을 통해 완성되는 우주원리에 따라 지구의 차원상승 프로젝트에서 빛의 사명을 완수할 수 있도록 어둠의 악역을 통해 희생 · 봉사하고 있는 대천사.

빛의 일꾼 프로젝트와 소집명령

빛의 일꾼은 기독교인들 중에
교회를 다니는 사람들 중에만
있다고 믿고 있는 사람이 있는데
그것은 대단한 착각이며
빛의 일꾼이란 표현이 성경에 공표되어
있어서 생긴 오해일 뿐입니다.

빛의 일꾼 프로그램은
교회를 다니는 사람은 물론
전 사회 계층에 골고루 퍼져 있으며
특정 종교와 관계 없이
천상정부(하늘)의 프로그램에 의해
250만 년 전부터 철저하게 준비되고
계획된 프로그램이며
예수님의 재림과 관련되어 있습니다.
빛의 일꾼 144,000명은
문명의 종결자로서 역할을 할 것이며
종교의 통합과 새로운 5차원 세계를
준비하고 계획하는 의식의 혁명을 준비하는
예비자, 역할자로서의 사명과 임무가
준비되어 있습니다.

빛의 일꾼 144,000명 프로젝트는
전 지구적으로 종파를 초월하여
동시 다발적으로 진행되고 있으며
그 규모와 시기 등은 다 공개되지 않은 채
한 걸음 한 걸음 걸을 때마다
그 베일이 조금씩 벗겨지고 있을 뿐
아무도 큰 그림의 실체를 알 수 없습니다.
그 이유는 빛의 일꾼 프로그램은
빛의 일꾼 한 분 한 분이 하늘의
군인의 신분으로 하늘의 명령을
땅에서 수행하는 하늘(천상정부)의
비밀 군사작전이기 때문입니다.

빛의 일꾼 프로그램은
3차원이나 4차원 물질문명이
5차원 정신문명으로 차원상승이 이루어질 때
준비되고 가동되는 우주의 프로그램입니다.

예수님이 2천 년 전에
빛의 일꾼을 대동하여 오신다고 하신
예수님의 재림은 바로
지구의 3차원 물질문명이
5차원 정신문명으로 차원상승하는
지금의 타임라인을 이야기한 것이며
그때가 바로 지금이며

빛의 일꾼을 모집하고
전문적인 의식 훈련을 하는 「우주학교」가
「빛의 생명나무」입니다.

「빛의 생명나무」는
자신의 기억이 봉인이 된 채
아무것도 모르고
아무것도 모르는 사람으로 살고 있는
우주군인의 잠자는 의식을 깨워
본래의 임무를 수행하기 위해
최선을 다하는 군사 훈련소입니다.

빛의 일꾼들에게 시절인연이 되어
하늘에서는 이들을 깨우는
내면의 소리를 듣고 있는 사람들과
보이지 않는 세계의 빛이나 형상을 보는
사람들이 많이 있을 것이고
때가 가까워짐에 따라 그 숫자는
급증할 것입니다.

황금나팔 소리는 하강하는 영혼들 중에서
빛의 일꾼을 깨우는 소리이며
빛의 일을 하기 위해 준비하라는 소리이며
「빛의 생명나무」에 입학하여
우주적 지식과 진리로 무장하라는 것이며

의식을 깨우고
영적 독립을 통해
빛의 일꾼에서 빛의 전사로 훈련받으라는
소집명령장이며
입대를 하라는 입영영장인 것입니다.

우주군인의 소집명령은
「빛의 생명나무」에서 내리는 것이 아니라
하늘의 황금나팔 소리를 스스로 듣고
오는 사람을 기다리고 있는 것입니다.
커피 한 잔의 여유를 즐기면서
빛의 일꾼을 해도 그만
안해도 아쉬울 것이 없는
낭만적인 영성인을 위해
「빛의 생명나무」는 존재하지 않습니다.

하늘의 황금나팔 소리를 듣지 못하거나
내면의 강한 끌림이 없이 오는
옆집 순이 엄마와 철이 아빠를 위해
「빛의 생명나무」는 존재하지 않습니다.

「빛의 생명나무」는
소집명령인 황금나팔 소리를
스스로 듣고 입대를 원하는
빛의 일꾼을 위해 준비된 「우주학교」입니다.

볼륨을 높여라

기억이 봉인되어
아무것도 모르는 사람으로
무지와 무식을 벗 삼아 살아온
빛의 일꾼을 위해 하늘에서는
이들을 깨우기 위한
기상천외한 방법을 동원하는데
그것을 통칭하여 황금나팔 소리라고 합니다.

빛의 일꾼은 누구나
자신이 의식적으로 깨어나야 하는
고유의 타임라인이 정해져 있으며
그때가 되기 전에는 깨어날 수도 없으며
깨어나서도 안되는 것이
우주의 법칙입니다.
자신의 타임라인보다 너무 일찍 깨어나면
세상을 사는 것이 너무 힘들고
사회 부적응자가 되어 버리기 때문입니다.

빛의 일꾼을 깨우기 위한
하늘의 계획은 한 치의 오차도 없이
치밀한 계획 속에서
장기적인 안목에서

하나하나 진행되고 있기 때문에
사람마다 다르게 진행되고 있습니다.
내면의 소리와 빛을 오랫동안
보고 들어온 사람도 있습니다.
보이지 않는 세계를 향한 관심과 흥미를
유발하기 위해 지속적으로 천상정부에서
관리하고 있는 사람도 많습니다.

하늘이 일하는 방식은
3차원적인 방법과는 매우 다르기에
빛의 일꾼을 키우고 관리하는데
늘 최선을 다하고 있습니다.
갑작스럽게 내면의 소리나 빛을 보게 되면
너무 당황하거나
누구에게도 말하지 못하는 경험이기에
그 시기와 방법 또한 치밀하게 준비되고
계획된 것이 실행되고 있는 것입니다.

빛의 일꾼들이
집중적으로 깨어나는 시기가 되었기에
내면의 소리나 형상 등이
더 크고 더 또렷하게 들리는 시기입니다.
10년이나 20년 전부터 시작된 사람이 있으며
수 년 전부터, 몇 달 전부터,
몇 일 전부터 시작된 사람까지

다양하게 분포되어 있습니다.
이런 내면의 소리나 형상을 보거나
지속적으로 보는 사람은
황금나팔 소리를 들은 사람으로
마음의 준비를 하시기 바랍니다.

이 모든 것은 예정된 일이
예정된 타임라인에 일어난 것으로
처음 겪는 사람에게는 낯설고 두려운 것이지만
이쪽 방면에서 공부를 해온
사람에게는 때가 되어 밥 먹는 것처럼
자연스러운 것이며
이상할 것도 없으며
일어날 일이 일어나고 있을 뿐입니다.

지금의 타임라인은
황금나팔 소리가
볼륨을 높이는 시기인 동시에
내면의 소리는 대화 수준으로 발전하여
자신의 상위자아가
자신을 직접 지도하고 가르치는
상위자아 티칭이 시작되는 시점입니다.
빛의 일꾼의 건투를 빌며
무사히 「빛의 생명나무」로의 입대와
영혼의 귀환을 기다리고 있겠습니다.

빛의 일꾼의 훈련소, 「빛의 생명나무」

빛의 일꾼을 깨우는
황금나팔 소리의 수준을 넘어
내면의 소리를 통하여
상위자아 티칭이 시작되는 경우가 있습니다.
오랫동안 영성계 공부를 해온 사람이나
오랫동안 보이지 않는 세계를
공부해 온 사람과 정신공부를 하겠다고
인생의 도판을 기웃거리며
온갖 종교단체들을 섭렵한 사람들 중에
자신의 타임라인이 임박한 사람에 한해
상위자아가 내면의 소리를 통해
직접적인 개입이 시작되는 것을 말합니다.

상위자아 티칭은
「빛의 생명나무」 회원 여부와는 무관하며
전 지구적으로 빛의 일꾼들 중에
자신의 타임라인이 시작된 사람들부터
의식각성을 위한 공부가 시작되는 것입니다.
아무 예고나 아무런 통보 없이
갑자기 빛이 보이고 내면에서 소리가 들리면서
시작되는 것입니다.
내면의 소리가 들리고 형상을 보면서
당황하고 어찌 할지 모르고

인터넷을 검색하고 주변의 지인들에게
물어보고, 알아본들 뾰족한 대답을
듣기는 어려울 것입니다.
이때에는 그냥 내면에서 들리는
상위자아의 티칭에 맞추어
한발 한발 앞으로 나아가면 됩니다.

상위자아 티칭은 처음에는
들려주고 보여주는 강도가 약하고
주기가 길지만 점차 시간이 흐를수록
들리는 소리의 강도가 강해지고
들려주는 내용이 짧은 단어에서 한 문장으로
길어지면서 나중에는 대화가 가능한
수준까지 확대됩니다.
보여주는 형상 또한 시간이 흐를수록
뚜렷해지고 선명하게 보입니다.

상위자아 티칭이 시작되면
결코 자유롭거나 낭만적인 영성인이
즐기는 방식의 소극적인 방식의 삶으로는
이겨내거나 시험을 통과하기가 결코
만만치 않습니다.
상위자아 티칭은 시험의 연속이며
기발하면서도 치밀하며 정교하며 고도로
계산되고 예정된 프로그램이 진행되는 것이며
자신의 가장 취약한 부분들을 대상으로

이루어진다는 것을 잊지 마시기 바랍니다.

시험의 연속이며
두려움 역시 같이 몰려옵니다.
시험에 통과하지 못했다는 사실을
나중에 본인이 인지하게 되고
실망하고 절망하는 사람들이 많을 것입니다.
「빛의 생명나무」와 우데카는
이때 조언자로 상담자로 교사로서의 역할이 있으며
여러분에게 봉사하기 위해 준비된 사람들입니다.

황금나팔 소리를 듣거나 상위자아 티칭이 시작되어
아무것도 모르는 채
속수무책으로 그 고통을 경험하면서
속앓이를 하는 빛의 일꾼들을 위해,
의식의 각성을 돕기 위해
빛의 일꾼을 훈련하기 위해
자신이 누구인지 바로 알고
자신의 소명과 사명을 잘 수행할 수 있도록
도와주고 안내하기 위해
의식각성을 돕기 위해
준비된 곳이 바로 「빛의 생명나무」입니다.
빛의 일꾼의 건투를 빌며
훈련소 입대를 기다리고 있습니다.

상위자아 티칭teaching이란?

상위자아 티칭은
아무에게나 나타나는 증상이 아닙니다.
하강하는 영혼들 중에 빛의 일꾼이거나
차원상승에 예정된 역할자가 아니면
있을 수도 없고
있어서도 안되는 일입니다.
내면의 소리는 많은 사람들이 듣고 있으며
빛이나 형상을 보는 사람들도 많습니다.

상위자아 티칭은
일반적으로 내면의 소리를 듣고
빛이나 형상을 보는 수준을 넘어서서
말 그대로 상위자아가 직접 자신의 아바타를
안내하고 가르치는 특별 개인과외가
시작된 것입니다.
인류 역사상
한 번도 일어난 적이 없는 일이며
그 누구도 경험하지 못한 초유의 사태이자
3차원 관점으로 보면
이해할 수도 없는 일이며
비난과 조롱의 대상이 되는 일입니다.

상위자아라는 말의 뜻을
이해하지 못하는 사람에게
상위자아라는 말을 처음 들어보는 사람에게
'아무것도 모르는 사람아'로 살다가
갑작스럽게 소리를 듣고
형상을 본다는 것 자체가
경천동지驚天動地할 일이며
누구에게도 말하지 못하는
벙어리 냉가슴이 시작되는 것입니다.

상위자아 티칭은
빛의 일꾼에게만, 그 역할자에게만
진행되는 특별한 훈련이며
하늘이 행성의 차원상승을 진행하기 위해
준비한 빛의 일꾼 144,000명을 위한
특별한 프로그램이라는 것을
인식하고 또 인지해 주십시오.

지구에서 한 번도 일어난 적이 없는
아주 특별한 일이 당신에게 우리에게
일어나고 있는 것입니다.
특별한 시기를 준비하고
특별한 임무와 사명을 수행하기 위해
빛의 일꾼을 깨우기 위해
그리고 그 역할을 알려주기 위해

천상정부와 여러분의 상위자아가
기다리고 기다리던
그때가 지금이며
바로 그것이 지금 시작되었으며
세계 곳곳에서 일어나고 있는 현실입니다.
하늘의 뜻을 아는 인자人子와
하늘이 일하는 방식을 아는 사람과
먼저 깨어나 자신의 길을
묵묵히 가고 있는 사람과
이런 날이 올 것을 미리 알고
준비해왔던 사람에게는
지금 좋은 일이 일어나고 있는 중입니다.
그리고 지구의 차원상승이라는 말을
이해하는 모든 영성인에게도
우데카가 전합니다.

우리 모두에게
좋은 일이 일어나고 있습니다.
그때가 지금입니다.

상위자아 티칭의 방법

상위자아 티칭은
천상정부 주관으로 이루어지는
지구 차원상승을 위한 특별한 프로그램이며
빛의 일꾼을 깨우고 의식을 각성시키고
상위자아와의 합일을 통해
만인성불萬人成佛의 시대를 열기 위해
오랫동안 하늘이 준비하고 계획한
빛의 일꾼을 위한 하늘의 비밀작전입니다.

상위자아 티칭은
내면의 소리를 통해 이루어집니다.
내면의 소리를 이루는
다양한 존재들(에너지체)을 총동원하여
자신의 상위자아와
천상정부의 연합작전으로 이루어집니다.
귀신 선생들,
어둠의 천사들,
자신의 상위자아,
자신의 가이드 천사들, 용들과 수호신장들,
가브리엘 영상팀이 총동원되며
각자의 그릇만큼
각자의 의식의 크기만큼

각자의 함량만큼 자신의 의식수준과
깨어남의 수준에 맞추어 진행됩니다.

치사하고 유치한 수준의
귀신 선생을 동원한 티칭도
준비되어 있으며
반말을 하면서 명령을 내리는
귀신 선생의 채널도 준비되어 있습니다.
지능적이고 유능하고
천상정부 소속의 라이센스를 터득한
어둠의 천사들을 통해 온갖 지략은 물론
귀신들을 동원한 치사빤스 일들 또한
서슴없이 프로그램대로 진행할 것입니다.
자신의 부족한 부분을 메우기도 하고
자만과 교만을 부추기는
'당신이 최고야~!'를 속삭여 주는
채널 또한 준비되어 있습니다.

자신의 상위자아의 요청으로
4차원 영계의 공식 교관인 귀신 선생은
2인 1조나 3인 1조로 투입되며
투입한 목적이 달성될 때까지
공부는 계속되며
상위자아의 위탁교육은 계속됩니다.
어둠의 천사들은 지능(IQ)이

400에서 1,300까지 다양하며
귀신 선생들 또한 현란함을 과시하면서
여러분의 모든 상식을 넘어서서
교육과 티칭이 이루어질 것입니다.
전문적인 악역 배우인
천상정부 소속 어둠의 천사와
여러분의 상위자아도 연합 또는 공모하여
여러분이 전혀 눈치채지 못하도록 하면서
온갖 시험을 치르게 할 것이며
시험을 통과하기 전에는
자신이 시험당하고 있다는 것조차
전혀 눈치채지 못하다가
떨어지거나 통과하면
그때야 눈치챌 수 있습니다.

하늘의 이름으로
신의 이름으로
더 이상 거짓 선지자와
거짓 사역자가 없도록 하기 위해
하늘의 참뜻을 땅에서 이루기 위해
귀신의 목소리와 상위자아의 목소리와
에너지를 구분할 수 있도록 할 것이며
어둠의 천사들과 상위자아의 목소리를
분별할 수 있도록 최대한 어렵고도
힘든 티칭의 과정이 기다리고 있습니다.

온전한 빛의 통로를 만들고자
하늘의 뜻을 땅에서 펼칠
하늘의 군대가 땅에서 일사분란하게
자신의 소명을 완수하기 위하여
철저하게 에고ego의 때를
온전히 벗겨낼 때까지 갈고닦는 과정이
상위자아 티칭이 갖는 의미입니다.
저항하는 사람에게는
결코 쉽지 않은
피눈물 나는 훈련과정이 될 것입니다.
순응하고
하늘이 일하는 방식을 이해하는 사람에게는
축복의 과정이자
새로운 애인이자
동료이자
동지를 얻는 축제의 시간이 될 것입니다.

상위자아 티칭의 의미

빛의 일꾼은 내가 하고 싶다고
내가 간절히 원한다고
할 수 있는 것이 아니라
준비되고 계획되고 예정된 사람만이
짧은 타임라인에
자신의 의식을 깨워서 진행하는
하늘의 계획이자
일사분란하게, 신속정확하게 실행하는
군사작전이라 비유할 수 있습니다.

인류 역사상 한 번도 없었던 일이며
그것도 집단적으로, 전 지구적으로
시간과 공간의 동시성으로 진행되는
프로그램입니다.
어둠의 정부의 출현과 광자대의 영향,
전 지구적인 재난의 시대를 앞두고
3차원 물질문명의 근본인 자기장 문명
즉, 전기문명의 붕괴를 앞두고
1960년대까지 문명의 수준이 후퇴하는
너무나 끔찍한 그 때를 대비하여
빛과 어둠의 통합을 위하여
하늘에서 준비하고 계획하는 프로그램이
황금나팔 소리를 시작으로

상위자아 티칭으로 발전된
빛의 일꾼의 의식을 깨우는
하늘의 공식 프로그램입니다.

상위자아의 코칭 없이는
빛의 일꾼은 보이지 않는 세계를
이해할 수도 없으며
알려고도 하지 않으며
관심조차 없으며
오히려 먼저 깨어난 일꾼을 박해하거나
조롱하는 행동을 하고 있을 뿐입니다.
물질의 매트릭스에 갇혀
눈에 보이는 돈과 물질이
전부인 것처럼 살다가 갈 수밖에 없는
지독한 물질의 매트릭스 안에 갇혀서
빛의 일꾼 각자가 운반해온
우주 의식이 잠자고 있습니다.

의식의 깊은 잠을 자고 있는
하강하는 영혼들이여~
250만 년 전에 빛의 일꾼으로
우주군인 신분으로 지구에 투입된
그대들 빛의 일꾼들이여!
그대들이 황금나팔 소리와
상위자아 티칭 없이 스스로 깨어나
이 물질의 매트릭스를 깰 수 있겠는가?

상위자아 코칭의 높은 단계에서는
당신이 지구에서 윤회한 대부분의 생들을
기억할 수 있으며
당신이 지구에서 윤회를 하면서
어떤 인물로 어떻게 살면서 어떤 역할을
하였는지도 다 알 수 있을 것입니다.
자신의 우주적 신분을
스스로 찾을 수 있을 것이고
자신이 빛의 일꾼에서 '빛의 전사'로
정신무장과 의식혁명을 가져올 수 있는
기회가 지금 빛의 일꾼에게
동시적으로 시작되고 있는
상위자아 티칭이 갖는 의미입니다.

상위자아 티칭 없이는
상위자아와의 합일은 없으며
상위자아와의 합일 없이는
빛의 일꾼을 할 수 없습니다.
상위자아와의 합일 후에라야
비로소 진정한 빛의 전사가 된 것이며
하늘의 명령을 직접 받아 집행하는
하늘의 군인이 완성되는 것입니다.

상위자아 티칭과 합일

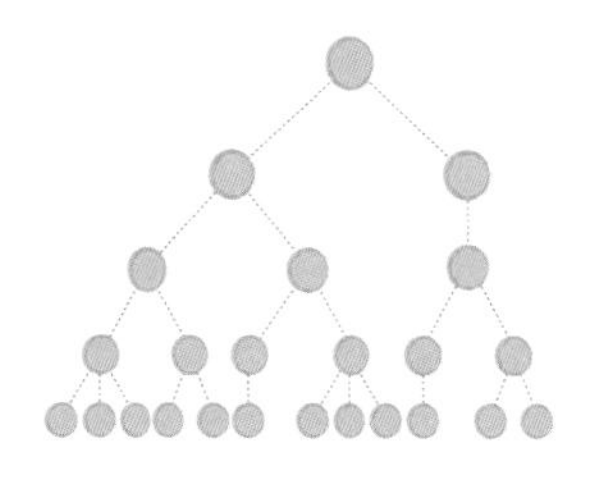

영혼의 분화(分化)

하나의 상위차원 영이 여러 개의 하위차원의 영으로 나눠지는 것. 상위영은 분화하더라도 본래의 에너지에는 변화가 없으며, 하위영은 상위영의 에너지 일부를 부여받게 됨. 상위영은 분화한 아바타들을 통해 대우주 곳곳에서 수많은 역할과 사명을 수행할 책임이 있는 반면, 아바타들의 다양한 경험들을 동시다발적으로 수렴함으로써 빠른 영적 진화를 도모함. 현재의 '나'도 창조근원의 거듭된 분화에 의해 생겨나므로 결국 모든 영은 창조근원의 자녀임. 분화된 영은 창조근원으로의 진화여행을 하며 다양한 삶 속에서 고유의 기질과 재능에 따라 이름이 부여되기도 함.

영혼은 분화*를 통해
상위자아와 하위자아로 구분됩니다.
3차원 아바타를 중심으로
4차원에 있는 상위자아를 1차 상위자아
6차원에 있는 상위자아를 2차 상위자아
8차원에 있는 상위자아를 3차 상위자아
10차원에 있는 상위자아를
4차 상위자아라고 합니다.

빛의 일꾼의 사명을 원활하게 수행하기 위해서는
상위자아 코칭 프로그램 10단계를
무사히 통과해야 하며
1차 상위자아와의 합일에는
상위자아 코칭이 시작된 후,
보통 6개월 정도가 소요되며
늦어지는 경우도 종종 발생합니다.
1차 상위자아 합일 후,
2차 상위자아와의 합일을 위한 상위자아
코칭이 바로 준비되어 있으며
보통 6개월 정도로 준비되어 있습니다.

상위자아와의 합일에 이르는 길은
고난의 행군에 비유할 수 있으며

자신이 가진 모든 부정성이 치유되는 시기이며
자신이 가진 에고가 녹아버리는
고통의 시간이자 치유의 시간입니다.
땅의 사람에서 하늘사람으로의 의식의 대전환이며
에너지 뱀파이어에서 빛의 공급자로 변하는 것이며
그렇게 깨달음을 추구했던 사람들이 원했던
해탈을 이룬 사람이며
우주적 지식과 지혜를 갖춘
사람이 되는 것입니다.

상위자아 티칭은
결코 쉽지 않은 과정이며
자신의 모든 것을 버리고 가야 하는
고행 중의 고행의 길입니다.
의식각성이 지식의 습득으로만
이루어질 수 없으며
철저하게 습관을 바꾸고, 생각을 바꾸고
의식의 혁명을 이루는 고된 과정입니다.
이렇게 어렵고 힘들고 남들이 가지 않는
길을 가는 사람을 말하며
결코 인정받으며 가는 길이 아니기에
영적인 독립을 전제로 하여
자신의 상위자아와 벗 삼아
묵묵히 홀로 가야 하는 길입니다.

에너지 뱀파이어

뱀파이어(vampire, 흡혈귀)는 피를 빨아먹는 존재인데 에너지 뱀파이어는 에너지를 흡수하는 존재.

상위자아 합일이 갖는 의미

상위자아와의 합일은
모든 빛의 일꾼들이 가야하는
최종 목적지이자
빛의 길을 가야하는
나의 가장 믿음직한 동지를 확보하는 것이며
전체의식 속으로 함께 할 수 있는
유일한 통로이자 기회인 것입니다.

나의 상위자아는 우주의 전체의식 속에서
한 번도 분리된 적이 없었으며
대우주의 사랑 속에서
늘 공명하고 있었습니다.
여러분의 상위자아는
천상정부의 주요 직책을 직접 맡고 있으면서
자신의 아바타들을 통해
하늘의 뜻을 땅에서 이루기 위해
당신을 이곳으로 보냈습니다.
천사는 멀리 있지 않고
하늘은 멀리 있지 않습니다.
당신의 상위자아가 곧 천사이며
하늘을 대표하는 존재인 것입니다.
온전한 빛의 통로가 되고

하강하는 하늘사람으로서 당신은 지금
준비되어야 하며 깨어 있어야 하며
우주의 지식을 담을 수 있어야 하며
우주적 지혜와 사랑으로 확장되어야
지구의 5차원 상승을 이끌어낼 수 있으며
험난한 재난 이후의 지구에서
새로운 문명을 창조할 수 있습니다.

상위자아와의 합일을 위해
하늘에서는 인류 역사상 처음으로
12 차크라chakra를 열어 주고 있으며
'몸 치유'와 '몸 청소'를 통해
우리 몸의 진동수를 높여주고 있으며
단전의 핵을 심어주고 있으며
봉인을 풀어주고 있습니다.

혼의식 정화를 통해
감정체를 정화하고 있으며
4차원 영계를 정화하고 있으며
영의식과 혼의식의 합일을 돕고 있으며
수많은 채널을 개통하고 있으며
5차원의 형상들을 보여주고 있으며
보이지 않는 세계를 알려주고 있으며
천상정부가 어떻게 3차원의 세계를
운영하고 있는지에 대한 큰 그림들을

오프라인에서 배우고 익히고 있는 것입니다.

호모 사피엔스homo sapience의 진화과정에서
처음 있는 일이며
지구 역사상 한 번도 일어나지 않은 일들이
「빛의 생명나무」에서 일어나고 있습니다.

지구의 3차원 물질문명의 기초를 이루는
자기장 문명이 광자대의 영향에 의해
붕괴될 것이며
자연의 격변들이 준비되어 있으며
어둠의 정부 역시 그 본색을 드러낼 것이기에
이 모든 것을 견디고 이겨내야 하기에
그 때를 준비하기 위해
이토록 평화로운 시기에
온갖 사이비 소리를 들어가며
종말론자 소리를 들어가며
온갖 모진 소리를 들어가며
준비하고 또 준비하는 것입니다.

하늘의 길은 결코
인정받으면서 가는 길이 아닙니다.
가장 낮은 곳에서
어렵고 어렵게 가는 길입니다.
사랑과 자비와 연민은

잘 지어진 성당이나 교회에서
완성할 수 없는 것입니다.
가장 낮은 곳에서
가장 비참한 삶의 현장에서
대가를 바라지 않고 하는
순수한 마음 한 자락에서
이루어지는 것입니다.

처참한 현실에서
모든 것이 붕괴된 망연자실한 현장에서
모든 것이 사라진 황폐한 황무지에서
한 치 앞도 내다볼 수 없는
무법천지의 세상에서
내가 믿고 의지할 수 있는 것은
오직 나의 상위자아와 천상정부(하늘)와
나의 빛의 동료들 뿐입니다.
그 때를 위해
그 날을 위해
우리는 준비되어야 하는 것입니다.
그것이 상위자아 티칭이 갖는
본질적인 의미입니다.

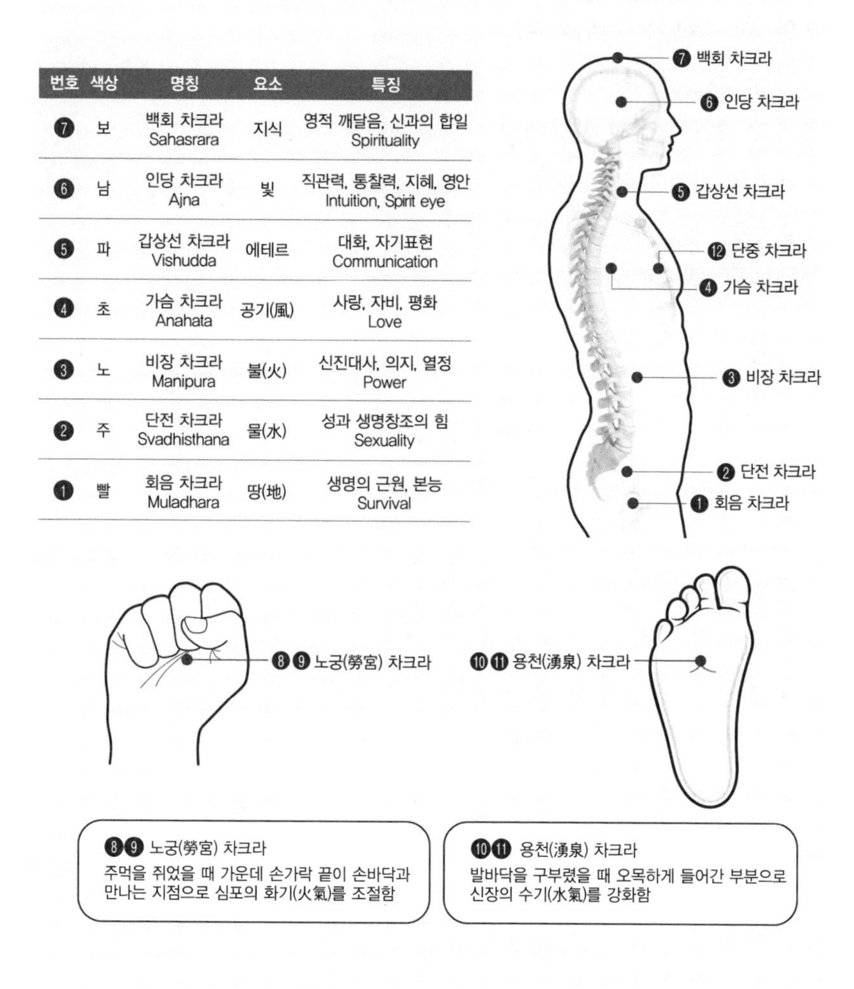

번호	색상	명칭	요소	특징
❼	보	백회 차크라 Sahasrara	지식	영적 깨달음, 신과의 합일 Spirituality
❻	남	인당 차크라 Ajna	빛	직관력, 통찰력, 지혜, 영안 Intuition, Spirit eye
❺	파	갑상선 차크라 Vishudda	에테르	대화, 자기표현 Communication
❹	초	가슴 차크라 Anahata	공기(風)	사랑, 자비, 평화 Love
❸	노	비장 차크라 Manipura	불(火)	신진대사, 의지, 열정 Power
❷	주	단전 차크라 Svadhisthana	물(水)	성과 생명창조의 힘 Sexuality
❶	빨	회음 차크라 Muladhara	땅(地)	생명의 근원, 본능 Survival

12 차크라(chakra)

산스크리트어(인도의 고대어, 梵語)로 '바퀴' 또는 '원반'의 뜻. 신체에 있는 에너지 센터로 12개가 있으며 정신적, 육체적 힘의 중심점. 12 차크라가 열려야 온전한 빛의 통로가 확보됩니다.

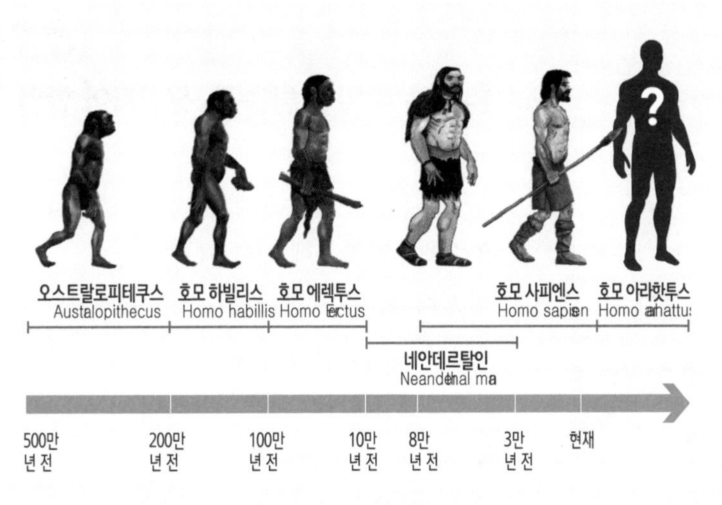

인류의 진화과정과 호모 사피엔스(homo sapiens)

인류는 오스트랄로피테쿠스→호모 하빌리스→호모 에렉투스→네안데르탈인→호모 사피엔스로 진화하였습니다. 호모 사피엔스는 '슬기로운 사람'이라는 뜻의 현생인류의 모델명이나, 차원상승 시에는 뇌용량의 부족으로 인해 5차원 학문 펜타고닉스(pentagonics)를 수용할 수 없기 때문에, 새로운 호모 아라핫투스(homo arahattus) 인종으로 5차원 지구를 이끌어갈 예정입니다.

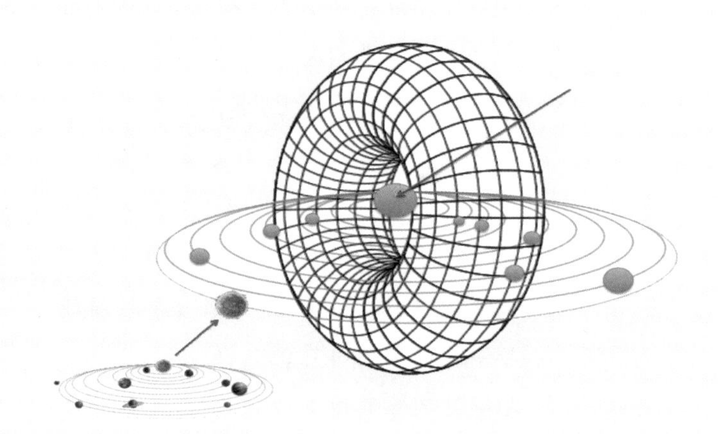

광자대(Photon Belt)

알키온 중앙태양을 중심으로 하는 도넛 모양의 빛의 고밀도 구역. 광자대를 통과하는 동안 인체의 DNA구조, 차크라 체계, 세포 진동수 등의 변화와 함께 인류의 의식이 각성되면서 지구 차원상승을 돕는 것으로 알려져 있습니다. 지구는 2012년 12월 22일부터 광자대에 진입하여 빛이 유입되고 있으며 시간이 지남에 따라 유입되는 빛의 진동수가 점점 상승하고 있습니다.

혼돈 속 유일한 탈출구, 상위자아 합일

뉴에이지(New Age) 사상

물질주의가 만연한 20세기 말엽, 영적 공허감을 극복하기 위해 등장한 신문화 운동. 인간의 영적 각성과 잠재능력을 계발하고 우주적·신비적 경지에 도달하기 위해 종교, 과학, 심리, 정신분석 등을 융합함.

우주의식은 우주에 대한 지식과 함께
지구 대기권을 벗어난
새로운 패러다임의 내용들을
자유롭게 열람할 수 있어야 하며
확장할 수 있는 통로와 루트가
확보되어야 합니다.
지금까지는 뉴에이지New Age❖ 사상이나
서양의 채널링 메시지에 의존하여
확대 보급된 것이 현실입니다.
아는 사람들은 알고 있습니다.
우리가 접하는 대부분의 채널링 메시지가
어둠의 세력에 의해
왜곡되고 가공된다는 것을.

오염되고 왜곡된 내용을 통한
우주지식의 습득의 한계를 벗어나
이제는 자신의 상위자아와의 소통을 통해
누구의 입을 통하고 않고
누구의 귀를 통하지 않고
누구의 눈을 통하지 않고
스스로 자신의 눈과 귀를 통해
자신의 상위자아를 빛의 통로 삼아

전체의식 속에 있는
우주의 정보를 공유할 수 있도록 하기 위해
우데카는 차크라를 열고 있으며
천상정부와 여러분의 상위자아는
상위자아 티칭을 통해 준비하고 계획된
하늘의 프로그램이
완전한 통제 속에서
펼쳐지고 있는 것입니다.

정보의 독점에서 오는 폐해를 극복하고
정보를 검증할 수 있는
천상의 완전한 통제 속에
수많은 채널러를 양성하면서
수많은 홀로그래머를 양성하면서
하늘과 땅이 서로 소통하고 있으며
하늘이 일하는 방식들을 배우고 있습니다.

우주의식을 '전체의식oneness'이라고 합니다.
전체의식을 이해하고
전체의식에 대한
의식을 확장할 수 있는 통로가
자신의 상위자아를 통해 다양하게
이루어질 예정입니다.

지금까지 빛의 일꾼에게는
천사 그룹에서 전하는 메시지 중심이었다면

5부

채널러(channeler)와 홀로그래머(hologramer)

채널러는 다차원 행성인 지구에서 영적 소통을 하는 중개인이며, 홀로그래머는 천상정부의 가브리엘 영상팀이 보여주는 영상 메시지를 볼 수 있는 사람으로 영안(靈眼), 제3의 눈(third eye), 관법(灌法)이 열린 사람.

실제로 빛의 일을 하게 될 시점에서는
상위자아를 통한 메시지로의
대전환이 있을 예정입니다.
그와 동시에 각 천사 그룹이 준비한
수많은 거짓 채널러와 거짓 예언자와
수많은 거짓 사명자가 속출하는
우주 정보의 홍수시대를
하늘에서 준비하고 있으며
이들에 의해
모든 종교들이 붕괴될 것입니다.

빛을 보는 수준(레벨)

빛을 보는 수준은 12단계, 소리를 듣는 수준은 총 10단계로 구분되며, 단계가 높을수록 하늘과 정확하고 구체적인 소통이 가능함.

보이지 않는 세계의
수많은 정보의 홍수시대가 열리고 있습니다.
누가 왜 나에게 이런 메시지를 주고 있는지
누가 왜 나에게 이런 형상을 보여주는지
아무런 의식의 각성이 없는 사람들에게
보여주고
들려주면서
극심한 혼돈 속에서
너도 나도 여시아문❖의 세계를 말할 것이고
하늘의 이름으로
신의 이름으로 자신도 모르는
어둠의 정보의 매트릭스 속으로
빠져들 것입니다.

여시아문 [如是我聞]

나는 이렇게 들었다는 뜻으로, **經文**(경문)의 첫머리에 쓰는 말.

극심한 혼돈 속에서

누구도 믿지 못하는 정보의 홍수시대에
오직 의지할 곳은
자신의 상위자아밖에 없다는 것을
빛의 일꾼은 실감할 것이고
그렇게 될 것입니다.
상위자아와의 합일은 그렇게
어렵고 혼돈스러운 상황에서
유일한 탈출구가 될 것이며
칠흑같이 어두운 밤에
한 줄기 등대 빛이 되어줄 것입니다.

상위자아와의 합일을 돕기 위해
차크라를 여는 것이며
혼의식을 정화하는 프로그램을
진행하는 것입니다.

빛의 일꾼이라면
반드시 상위자아와의 합일이 필수이며
상위자아와의 합일 이후에는
우주의식인 전체의식에 합류가 될 것이고
오염되지 않은 우주의 지식과 지혜를
공급받게 될 것이며
진정한 빛의 통로가 바로
자신의 상위자아라는 것을 알게 될 것입니다.

채널링의 개념도

채널러가 식물과 대화한다고 하여 채널러와 식물이 직접 의사소통을 하는 것은 아닙니다. 채널러가 다른 차원의 존재와 채널링을 하기 위해서는 반드시 천상정부 가브리엘 그룹으로부터 채널에 대한 권한을 부여받고 중재를 받아야 가능하며, 천상정부는 우주의 전체의식 속에서 모든 만물과 정보를 공유하여 채널러가 요청한 메세지를 발송합니다. 이 모든 과정에서 천사들이 봉사하고 있습니다.

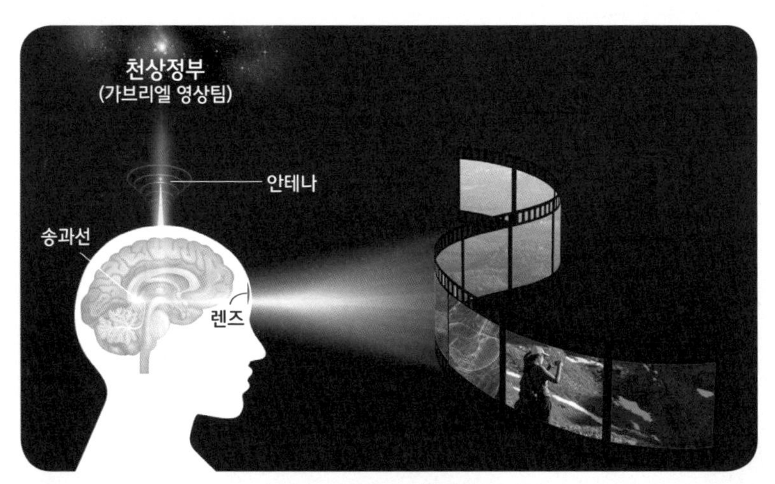

홀로그래머(hologramer)와 빛을 보는 원리

빛을 본다는 것은 송과체와 인당의 활성화를 통해 육안으로 보이지 않는 세계를 본다는 의미로, 흔히 영안(靈眼), 신안(神眼), 심안(心眼) 혹은 제3의 눈(the Third Eye)으로도 불립니다. 송과체와 인당 사이에는 영적인 렌즈가 있으며 그 렌즈의 미세조정을 통해 영상을 선명하게 볼 수 있습니다. 빛을 보는 사람을 「빛의 생명나무」에서는 홀로그래머라고 하는데, 홀로그래머의 요청에 의해 영상을 송신하는 업무를 담당하는 곳은 천상정부의 가브리엘(Gabriel) 그룹 영상팀입니다.

♠ 역장力場, energy field이란 무엇인가?

♤ 차원상승의 관문, 역장

역장이란 내부와 외부 환경을 완전히 분리·차단시키는 에너지 보호막으로, 자연재해와 각종 재난으로부터 인류를 보호하고 지구의 차원상승에 발맞춰 인류의 의식과 몸의 진동수를 단계적으로 끌어올려 5차원 세계에 연착륙할 수 있도록 하늘이 인류를 위해 차원상승의 징검다리로 설치한 최후의 보루입니다. 따라서 역장을 통하지 않고서는 누구도 5차원 지구 위를 걸을 수 없으며, 역장에 진입하기 위해서는 사전에 몸이 빛의 매트릭스로 전환되어야 하며, 의식각성이 일정 수준에 도달해야 합니다.

♤ 역장의 설치 및 구성

빛의 일꾼은 하늘과 소통하여 역장의 소재와 규모, 조건 등을 파악하여 차원상승과 더불어 역장이 가동될 때를 대비하여 만반의 준비를 갖춰야 합니다.
역장은 에너지와 의식각성 수준에 따라 수뇌부가 있는 A구역, 하강하는 영혼이 거주하는 B구역 그리고 상승하는 영혼이 공부하는 C구역으로 구분됩니다.

♤ 역장의 주요 기능

- 자연재해와 각종 재난으로부터의 보호
- 의식각성과 몸의 진동수에 따라 살 자와 죽을 자의 분리 및 격리
- 천상의 빛과 광자에너지의 증폭(피라미드 원리)에 의해 의식각성과 몸의 진동수를 높여 빛의 몸으로 변모하는 최적의 환경을 제공
- 물질문명의 붕괴에 따른 물자 부족을 대비한 배타적 생활구역
- 극한의 원시공동체 생활을 통해 '콩 한쪽도 나눠먹는' 전체의식으로의 진입과 빛과 어둠의 마지막 시험장

6부. 하는거 봐서와 여시아문의 세계

어설픈 관법과
어설픈 채널링으로 인한
피해 역시 오직 본인의 몫이며
본인의 삶의 무게입니다.

이런 오류와 거짓 채널과
형상을 통해
인류가 배워야 할
보이지 않는 세계의
법칙과 규칙을
피눈물 나는 시행착오 속에서
우리 인류는 배우게 될 것이고
그리고 성장하게 될 것입니다.

내 마음의 진실과 하는 거 봐서

우물 안에서 우물을 넓혀 보려는 시도를
애씀이라고 표현하며
우물의 깊이를 마음의 진실이라고 합니다.
사람마다 우물의 깊이가 다르듯이
사람마다 자신이 품고 있는
생각의 차이와 가치관의 차이로 인하여
의식의 층위가 다르기 때문에
마음의 진실 또한 천차만별입니다.

내 마음을 몰라준다고
우리는 끊임없이 남을 탓하고
내 맘과 다른 타인을 겪으면서
실망하고 분노하고 화를 내고
송사를 진행하고 전쟁을 하면서까지
마음의 진실을 타인에게 전달하고자
너무나 많은 애를 쓰고 살고 있습니다.

마음의 진실이 없는 사람이 없고
사연과 아픔이 없는 사람이 없고
가슴에 사랑을 품지 않은 사람은 없습니다.
마음이 바쁜 사람일수록
'나잘난' 여사와

'나잘난' 사장님일수록
손에 흙을 묻히지 않으려고 하는 사람일수록
낭만적인 영성인에 가까운 사람일수록
성격이 까칠한 사람일수록
정의감이 강한 사람일수록
자신이 가진 마음의 진실이 상할까봐
자신이 품고 있는 마음의 진실이 다칠까봐
자신이 가진 마음의 진실이
남에게 뒤쳐질까봐
늘 불안하고 불편한 삶을 살고 있으면서
자신의 마음의 진실이 언제나 옳은 것처럼
착각 속에 살면서
그렇게, 그렇게 살다가는 것이
무명한 삶의 모습입니다.

마음의 진실을
하늘을 향해 외치는 사람들이 많습니다.
새벽기도를 하고
철야기도를 하고
시도 때도 없이 기도를 하고
남이 잘 듣게 큰 소리로 기도하고
푸짐한 제사상을 마련하고
예의 바르게 108배를 하기도 하고
이름난 명승지를 찾아가기도 하며
천지의 도를 묻기도 합니다.

남이 해주는 밥을 먹으면서
명상과 기도와 공부를
직업으로 하는 사람도 있습니다.

마음의 진실이 없는 사람이 없듯이
하늘을 향해 기도하지 않은 사람 또한
아무도 없습니다.
작은 바람이든 큰 바람이든
우리는 자신의 의식수준에서
하늘을 향해 늘 기도하며
하늘을 향해 소원이나 소망을 말하며
하늘과 대화하고 소통하고 있는 것입니다.

이 모든 것을 다 알고 있고
하늘을 향해 자신의 마음의 진실을
간절히 전하는 사람에게
나의 모든 것을 다 알고 있다고
믿고 있는 하늘은
오늘도 침묵 속에서
늘 한결같은 사랑으로 속삭여 줍니다.

하는 거 봐서!
하는 거 봐서?

몰빵의 법칙

하늘문이 좁다는 것과
하늘은 스스로 돕는 자를 돕는다는 것은
누구나 알고 있는 이야기이며
누구나 알고 있는 상식이지만
늘 생활 속에서 투덜거리고
마음의 진실의 크기만을 서로 다투면서
내 마음의 진실이 통하지 않는다고
내 마음의 진실을 아무도 몰라준다고
마음이 닫히고
마음이 상하고 지친 사람들끼리 모여
차 한 잔하며 술 한 잔하며
인생의 복을 구하고 인생의 도를 구하고
하늘의 도를 구하고 있습니다.

치열한 삶의 모습은 뒤로 한 채
가장 낮은 곳에서 편할 줄 알아야
자신의 귀함을 지킬 수 있다는 것을 모른 채
땀 흘리는 것을 원하지 않고
입맛에 맞는 음식을 먹지 못해 속상해하고
귀차니즘에 빠져 늘 게으르고 머리는 늘 바쁘지만
손과 발은 늘 한가한 삶을 살면서
인생의 복을 구하고

인생의 도를 구하고
하늘의 도를 구하여 본들
하늘은 늘 한결같은 마음으로
대답해 주고 있습니다.

하는 거 봐서~

하늘의 문을 여는 자는
구복불회求福不回❖의 의미를 아는 사람입니다.
그대들이여~
모든 하늘의 이치는 순리일진데
하늘이 일하는 방식을 모르는 채
어찌 하늘의 복을 구하고 있는가?

구복불회(求福不回)

복(福)을 구하는 데 도리(道理)에 어긋난 짓을 하지 아니함. (「시경(詩經)」 중에서)

모든 것에는
시절인연이 있으며
우주의 마음에 함께 접속되어야 하며
하늘의 마음을 얻어야 하며
하늘의 문을 열 수 있는 역할자여야 하며
하늘의 진실을 내 마음의 진실보다
우위에 두어야 하며
사람의 마음을 얻지 못하면
하늘의 마음 또한 얻지 못할 것입니다.
나를 먼저 속이지 않고
남을 속일 수 없듯이
자기 자신을 감동시키지 못하는 사람은

타인의 마음을 얻을 수 없을 것이며
하늘의 마음 또한 얻기 힘들 것입니다.
행복을 구하되 도를 벗어나지 않는다는
그 마음을 이루신 분들에게
하늘이 선물을 주는 방식이 있는데
그것을 '몰빵의 법칙'이라고 합니다.
하늘에 복을 제대로 지은 사람에게
다른 사람에게 줄 것까지도
다 빼앗아서 상상할 수도 없는 하늘의 능력을
한 사람에게 몰아서 주게 됩니다.

이것은
좁은 하늘문을 통과한 사람에게만
주어지는 특권이며
하늘이 일하는 방식이며
여러분의 상위자아가
아바타를 사랑하는 방식이며
우주의 '사랑 방정식'입니다.

내 마음의 진실이 늘 옳고
내 마음의 진실을 먼저 인정받기를 바라고
마음의 진실을
늘 과장하고 포장하는 사람에게
의식의 각성 없이
복을 구하는 사람에게

하늘이 일하는 방식을 알지 못한 채
복을 구하는 사람에게
하늘의 마음인 공심公心을 쓰지 못하고
늘 개인적인 복을 구하는 사람에게
땀의 가치와 노동의 가치를 잊어버리고
기도와 명상을 통해
도를 구하는 사람에게
남이 해주는 밥이나
물질의 혜택을 받으면서
전문적으로 기도하거나
도를 구하는 사람에게
하늘은 늘 한결같은 공심으로
누구에게나 공평무사하게
다음과 같이 하늘의 뜻을 전합니다.

하는 거 봐서!!!

공짜란 없다

빛의 일꾼의 길은 참으로 어렵고도
힘든 고난의 길입니다.
하강하는 영혼으로서의
한정된 의식과 제한된 정보 속에서
오로지 하늘에 대한 믿음 하나로 가야하는
모질고도 험난한 길입니다.

공부를 하는 과정에
나에게 특수능력이 주어지지 않는 것은
내가 아직 차크라를 열지 않았기 때문이라고
스스로 위로하며 지내다가
차크라를 열고나서도
아무 능력이 생기지 않으면
봉인 때문이라고 생각하게 됩니다.
봉인을 해제하고도
능력이 생기지 않으면
상념체 정화가 이루어지지 않아서 그렇다고
스스로를 위로합니다.
상념체 정화가 이루어지고도
아무런 능력이 나타나지 않으면
아직 때가 되지 않았다고 생각하며
자신의 타임라인이 아직 오지 않았다고

스스로를 위로하면서
의식의 각성 없이 청주 공부방을 오고 가면서
옆집 아줌마와 옆집 아저씨 같은 이야기를 하면서
특수능력이 주어질 것이라는 일념에
올라오는 부정성을 억누르면서 참고 참다가
어떤 계기로 부정성이 폭발하게 되면
「빛의 생명나무」를 떠나게 되며
스스로 공부한 모든 것을 부정하며
우데카를 사이비 교주로 만들어 버립니다.

상념체(想念體)

극도의 공포와 원한을 품고 죽임을 당할 경우 혼의식이 영과의 결합을 거부하고 4차원 영계에 상념체를 창조하여 윤회 과정 중인 3차원 아바타에게 지속적으로 부정적인 영향을 미칩니다. 따라서 상념체 정화없이는 상위자아와의 합일과 전체의식을 회복하는 것이 불가능합니다.

처음부터 그들에게
문제가 있었던 것이 아닙니다.
자신의 의식의 눈높이로 하늘의 진실을
성급하게 판단하는 데에서 오는 결과입니다.

이 모든 판단은
본인의 혼의식과 상념체와 감정체가
복합적으로 작용한 결과이며
어둠의 천사들이나 귀신 선생들의
방문을 통한 공부의 과정인 동시에
본인의 자유의지에 의한 선택이 존중되는
의식이 확장되는 과정의 공부일 뿐입니다.
따라서 상념체 정화 없이는
상위자아의 합일과
전체의식 회복이 불가능합니다.

우데카는 옳고 그름의 논쟁에서
벗어나 있으며
자신의 자유의지로 행하는
모든 판단과 비판
그리고 그 수위는
스스로 생성하는 우주의 카르마이기에
우주의 거대한 흐름에 맡기고
시시비비를 가리는 정의의 방식을
빛의 방식으로 전환해야 하는

이 시대적 소명과 사명이 있기에
일절 대응하지 않고
묵묵히 빛의 방식으로 길을 열 것입니다.

빛의 방식이란 때로는 불편하고
힘든 방식입니다.
옳고 그름의 방식을
넘어서서 가야하는 길이기에
아무도 알아주지 않는 그 길을
오직 하늘에 대한 믿음 하나로
낮은 곳으로,
더 낮은 곳으로
마음자리를 두고 갈 것입니다.

하늘의 일에는 결코 공짜의 법칙이 없습니다.
하늘이 일하는 방식 또한 공짜가 없습니다.
특수능력은 그 사람이 그 의식수준에서
감당할 만한 의식의 그릇이 준비되지 않으면
결코 주어지지 않습니다.
인정으로
성실함만으로
사적인 친분으로 주어지는 것이 아닌
하늘의 완전한 통제 속에서
필요한 만큼
감당할 만큼의 범위에서

주어지며 관리되고 있는 것입니다.

하늘의 일을 하고 싶은 그대들
빛의 일꾼들이여!
이제는 시절인연이 도래하여
모든 의식의 꽃들이
피어날 준비를 하는 시기이며
그 꽃이 지고
열매를 맺기 위해 준비하고 계획한
그 때가 지금입니다.

자신의 그릇을 스스로 만들고
의식의 확장을 가져오며
보지 않고 믿는 믿음의 시기이며
내면의 소리나
내면의 느낌을 찾아가는 시대입니다.
당신을 깨우는
황금나팔 소리가 울려 퍼지고 있습니다.
자신의 에고와 욕망을 비우고
의식의 확장이 준비되어야 하며
빛의 방식으로
마음 쓰는 법을 배워야 하는 시기입니다.

그 공부 시간이 사람마다 다름을 알기에
하늘은 빛의 일꾼들에게

키질을 할 것이며
담금질을 할 것이며
저울질을 할 것이며
빛의 방식으로
마음 쓰는 법을 온전하게 배우는 동안에
늘 한결같은 방법으로
여러분을 대할 것입니다.

하늘문은 참 좁습니다.
좁은 하늘문이기에
하는 거 봐서
당신에게 능력이 주어질 것이고
당신이 그토록 바라고 희망하는
3차원적인 물질세상에서 바라고 있는
소원이나 소망도 이루어질 것입니다.

하늘이 일하는 방식 중에
가장 공평무사한 것이
'공짜란 없다'와 '하는 거 봐서!'입니다.

누워서 떡먹기

하늘의 도를 구하는
일명 깨달음을 추구하는 사람에게
깨달음의 증표로 여길 만한
남보다 다른 특수능력을 주는 것은
하늘의 입장에서 보면
그리 어려운 일이 아닙니다.

빛의 일꾼이 차크라를 열고
목을 매고 기다리는 온갖 특수능력을 부여하는 것은
하늘의 입장에서는 누워서 떡먹기로
그리 어려운 일이 아니며
스위치를 올리고 내리는 것만큼이나
쉬운 일입니다.

그 역할이 준비된 역할자라면
자신의 타임라인에 맞추어 예정대로
그 능력이 주어질 것이고
그 역할의 내용에 따라
하늘에서 주어지는 특수능력 또한
달라질 것입니다.
지금 세상에서 활동하고 있는
모든 영능력자는 하늘에서 치밀하게
준비되고 계획된 일들이

6부

그 역할자를 통해 펼쳐지고 있는 것이지
그냥 우연히 일어나는 일은 없습니다.

완전한 통제란 그런 것이며
자신의 노력으로
자신의 수행의 대가로
하늘로부터 그 능력이 주어진 것처럼
생각되지만 조금만 더 깊이 들어가면
일어날 일들이 예정된 시간에
예정된 역할자에게 일어나고 있는 것입니다.
인간의 교만이란
이러한 우주의 법칙을 모르고
하늘이 일하는 방식을 이해하지 못해서 오는
착각이며 무지의 소치입니다.

하늘이 주는 채널의 내용 하나하나
하늘이 보여 주는 형상의 세계나
하늘이 공개하는 정보의 수준이나 등급
하늘이 허락하는 모든 특수능력의 뒤에는
하늘의 완전한 통제가 있으며
전체의 그림 속에서
부분의 그림들을
조율하며 진행하고 있는 것입니다.
하늘이 일하는 방식을 이해하지 못하는
일반 수행자나 빛의 일꾼 역시
자신에게 주어진 특수한 능력 때문에

빛의 길에서 멀어지고
자만과 교만 속에서
무지 속에서
우주의 법칙이 있는지도 모르고
우주적 카르마를 쌓거나 짓고 있는
특수능력자들을 봅니다.

다시 한 번
우데카가 기록을 위해 전합니다.
일반인 수행자나
종교인이나
빛의 일꾼에게 주어지는 특수능력은
모두 하늘의 완전한 통제 속에서
이루어지며 집행되고 있는 것입니다.
그 사람의 능력은
하늘로부터 부여받은 것이지
결코 육신을 가진 그 사람이 가진
능력이 아닌 것입니다.

우데카가 가진 능력 역시
우데카의 것이 아닙니다.
다만 역할자로서 하늘이 부여한 임무이며
하늘의 능력을 쓰고 있는 것입니다.
그 능력 또한
우주의 법칙에 합당할 때만 쓸 수 있으며
그 범위를 넘어서 집행할 수 없습니다.

모든 부분은 우데카 또한
우주의 법칙 안에서 자유로울 수 없으며
우주의 법칙을 준수해야만 합니다.

사람의 모든 능력의 근원은 바로 하늘이며
하늘은 하늘이 정한 그 길을
스스로 창조하고 계획하여 집행할 뿐입니다.
인간에게 주어진 모든 능력은
하늘에서 주어진 것이며
그 능력을 부여하는 3가지 원칙이 있습니다.

역할자에게 그 역할을 부여할 때는
누워서 떡먹기보다 쉽게 주어지며
역할자를 만드는 과정에서는
하는 거 봐서 주고
역할자가 아닌 사람이 능력을 구할 때에는
하늘의 별따기입니다.

누워서 떡먹기
하는 거 봐서
하늘의 별따기
하늘이 일하는 방식입니다.

하늘의 별따기

깨달음을 위한 인간의 노력은
인류의 역사와 함께 하여 왔습니다.
보이지 않는 세계에 대한
여시아문의 세계가 얼마나 진실과 다르게
오염되었는지를 아는 사람이라면
의식이 일찍 열린 사람이며
보이지 않는 세계를 체계적으로
설명한다는 것은 어려운 일입니다.

보이지 않는 세계의 이해 없이
인류는 그동안 너무나 멀고 먼
관념의 여행을 해왔으며
한정된 의식과 제한된 지식 속에서
무명無明의 삶을 살며
한줄기 빛을 찾는 심정으로
험난한 3차원 물질문명의 매트릭스 속에서
은하의 밤❖을 통과하며 힘겹게 왔습니다.

4차원 영계의 비밀과 차크라의 비밀이
우데카에 의해 밝혀졌으며
대우주의 구조 역시
우데카를 통해 인류에게 밝혀질 것이고
대우주의 주기에서 갖는

은하의 밤

행성의 역사에서 낮은 의식 상태로 두려움과 공포가 지배하고 자신이 빛임을 망각하는 영적인 암흑기, 어둠의 시기, 고난의 시기를 말함.

단(DAN)지파(檀支派)

창조주의 사랑과 빛을 온전히 이 땅에 실현시키기 위한 순수혈통이라는 의미에서 'DAN'이라 하였으며, 이들은 빛과 정신문명을 통한 지구행성의 이원성을 통합시키는 우주적 사명을 받아 환인-환웅-단군의 역사를 개척하며 한민족의 핵심인물이 됨. 단지파는 빛의 일꾼으로 문명종결자의 중심인물임.

지구라는 행성에 감추어진
창조주의 비밀인 단지파檀支派❖의 비밀 또한
밝혀질 것입니다.

모든 것이 봉인된 채로
3차원의 척박한 땅인 이 지구에 내던져 져서
문명의 흥망성쇠興亡盛衰를 거치는 동안에
하늘의 소리를 듣고
하늘과 소통한다는 것은
매우 어려운 일이었으며
지구 행성의 프로그램 특성상
보이지 않는 세계의 구조와 비밀이
밝혀지기 어려웠던 측면이 있습니다.

수행자는 아무것도 모른 채
관습대로 전해진 대로
가공되고 각색된 오염된 텍스트(문헌)에 대한
아무런 지식 없이
주어진 환경 속에서
하늘이 일하는 방식을 알지 못한 채
우주의 질서와 구조를 알지 못한 채
까막눈을 뜨기 위해
하늘의 별을 따는 어려운 상황 속에서
제한된 의식 속에서
종교라는 틀에 갇혀 본질을 잃어버린
깨달음을 추구하였던 것입니다.

지구의 5차원 상승을 앞두고
물질문명이 정신문명으로 전환하는 시기에
대우주의 6번째 주기가 문을 닫고
대우주의 7번째 주기가 시작되는 시기에
이제는 시절인연이 되어
하늘이 일하는 방식과
보이는 세계는 보이지 않는 세계의
완전한 통제 속에 있다는 것을
천상정부의 역할을 통해
우데카가 세상에 공개합니다.

'하늘의 별따기'식의 공부가
지금까지의 공부의 흐름이었다면
공부하는 과정에서
하는 거 봐서를 잘 통과하고 나면
만인성불 시대를 스스로 열고
인류에게 빛이 될 여러분이 바로
하늘사람이며 빛의 일꾼이며
빛의 전사인 것입니다.

그때가 바로 지금이며
시절인연이 바로 지금이며
기다리고 기다리던 그때가
바로 지금임을 우데카가 전합니다.

여시아문의 오류의 역사

여시아문의 세계는 참으로 다양합니다.
인류의 역사가 이렇게 오염되고 왜곡되고
어둠의 역사로 흘러올 수밖에 없었던
구조적인 모순이 바로
'나는 이렇게 보았고
나는 이렇게 들었노라'라고 하는
여시아문의 오류의 역사입니다.

인류가 하늘과 교신이 활발하게 이루어지던
고인돌 시대에는 부족장을 중심으로 하는
영의식이 주도하는 정신문명의 시대였으며
청동기 시대가 되면서 혼의식이 주도하는
물질문명이 본격적으로 시작되었으며
하늘과의 소통은 주로 전문가 집단인
신녀에 의해 이루어졌습니다.
이때부터 하늘의 소리는
권력집단에 의해서
물질화된 개인의 혼의식의 영향을 받으면서
이익집단에 의해서
여시아문의 세계는 타락되고 왜곡되었으며
세상은 물질 중심으로 급격히 추락하였으며
하늘은 점점 잊혀지거나

필요에 의해서 조작되고 오염되는
어둠의 역사가 시작되었습니다.
물질이 중심이 된 세상에서
어둠의 세력은 철저히
필요한 만큼의 진실과 진리를
제한적으로 공급하게 됩니다.
종교의 텍스트들은 심각하게 오염되었으며
각종 성인들의 말씀은
교묘하게 조작되었으며
중요한 가치들은 부분적으로
심각하게 왜곡되었으며
이렇게 오염된 텍스트들을
지금까지 아무런 의심 없이
진리라고 믿고 있으며
그렇게 알고 있으며
어디서부터 잘못되었는지조차 모른 채
거짓을 진실로
진실을 거짓으로
알고 살아올 수밖에 없었던 것이
인류의 아픔이자 고통의 원인입니다.
그리고 지구가 왜 어둠의 행성인지를
알 수 있는 단서가 되는 것입니다.

사회가 발달하면서 하늘과의 소통은
깨달음을 추구하는 승려나 신부에 의해

독점되었으며 도를 구하거나
구도의 열정으로 삶을 사는 개인에게
맥이 끊어지지 않고 지속되었습니다.
무속인에 의해 하늘의 뜻은
아래로, 아래로 이어져 왔습니다.
하늘과의 소통은
깨달음을 추구하는 모든 사람들의 목표이며
도를 구하는 이들의 공통분모에
하늘의 소리가 있습니다.
하늘의 소리 또한
시절인연에 의해 펼쳐지는 것이고
내가 원하는 소리를 듣는 것이 아니라
각자의 의식수준에 맞추어서
주어지는 것이지요.

하늘의 소리를 듣고자 하는 사람은 많으나
하늘의 소리를 분별하는 자 없으며
하늘의 소리를 듣는 자 많으나
하늘의 소리를 하늘의 소리로 들을 수 있는
눈뜬 인자는 없으며
하늘의 소리라고 다 하늘 소리가 아닐진데
하늘의 소리를 빙자하여
'아무것도 모르는 사람아'로 살고 있는
누군가를 가르치려 하고
누군가의 위에서 군림하려 든다면

또 다시 신의 이름으로
하늘의 이름을 빙자한 영웅의 탄생을
기다리는 모순에 빠져들 수밖에 없으리라.

오염된 텍스트에 순응하면 정통이 되고
텍스트가 오염되었다고 말하면
사이비가 되는 세상에서
대중은 어리석음의 길을 갈 것이고
깨어난 일부의 인자들만
길을 찾고
빛을 찾게 될 것입니다.

하늘의 소리를 듣고자 하십니까?
하늘과 소통하고 싶습니까?
하늘의 소리를 들어 어디에 쓰고자 하십니까?
하늘의 소리를 듣는다면
그 진실의 무게를 감당할 수 있는지요?
하늘의 소리가 당신에게만 특별한
진실을 전달해 줄 이유가 있는지요?

하늘의 문이 곧 열리게 될 것입니다.
루시엘 지파❖ 24만 명이 먼저
하늘의 소리를 거짓 속에 진실을 담아
세상에 전할 것이며
그 뒤를 이어

루시엘 지파, 데니카 그룹, 헤요카 그룹

8차원에 존재하는 루시엘 대천사 소속의 24만명 루시엘 지파는 어둠의 역할자들임. 빛의 일꾼들을 돕는 헤요카 그룹처럼 루시엘 지파를 돕는 데니카 그룹이 상대적으로 존재함.

데니카 그룹과 헤요카 그룹이
하늘의 소리를 분별력 없이
여시아문의 세계를 열 것입니다.
그 뒤를 이어
어둠의 마스터들이 고급 하늘의 소리를
흑마술❖과 함께 전할 것이며
어둠의 일꾼 역시 맹활약을 펼칠 것입니다.

그리고 난 뒤
빛의 마스터와 빛의 일꾼이 세상에
드러나게 될 것입니다.
여시아문의 세계의 판도라 상자가
열릴 것이고 인류의 분별력을 시험하고
의식의 각성을 이루기 위한
혼돈의 시간이 시작될 것입니다.

그렇게 될 것이고
그렇게 될 것입니다.

흑마술

일반적으로 4차원의 특수 능력을 '흑마술' 또는 '어둠의 신통력'으로 부름. 인과법에 따라 대가를 치루게 되어 고통받게 되는데, 티벳의 성자로 불리는 미라레바가 살생을 위해 썼던 것이 흑마술이었음.

채널링 메시지를 대하는 자세

우리는 삶이라는 울타리를 형성하면서
서로의 인과관계 속에서
서로가 서로에게 연결되어 있습니다.
왜 이런 사람을 만나는지
왜 저런 사람을 만나는지
이유도 모른 채 만나
정을 나누고 사랑을 나누면서
자유와 평등을 이야기하며
진리를 공부하는 도반으로
사업을 함께하는 파트너와 직원으로
친구로, 가족으로, 평생 원수로,
삶의 체험현장 속에
다양한 인연들 속에
그냥 내던져 있습니다.

'왜'라는 의문을 갖고 살기에는
너무 의식수준이 낮고
철이 없고 세상물정을 모르고
물어볼 곳도 없으며 대답해줄 사람도 없었기에
그냥그냥 살아 온 삶이 나의 모습이었고
우리의 모습이었습니다.
진리를 찾지 않는 사람은 아무도 없지만

진리를 찾은 사람은 아무도 없었으며
사랑 받기를 모두가 원하지만
사랑을 실천하는 사람은 보지 못했으며
모두가 깨닫기를 바라고 살지만
깨달은 사람을 찾아보기 힘들었으며
수행자는 많으나
수행의 방법이 다 다르고
신을 만나기를 간절히 원하는 사람은 많으나
신을 만난 사람은 없었으며
신을 만나기는 했어도
그 신의 정체를 바로 아는 사람은 없는 것이
우리의 현실입니다.

어설픈 서양의 채널링 메시지를 접하면서
온갖 거짓 메시지와
위장의 글들을 그렇게 읽으면서도
메시지를 주는 그들의 의도를 알 수 없었으며
메시지 내용을 분별하는 능력 또한
향상되지 않았으며
아직도 채널의 메시지를 하늘의 소리로
신의 소리로 착각하는 사람이 대부분이며
어설프게 빛을 보고 채널을 한다고
목에 힘이 잔뜩 들어간
자만과 교만이 가득한 영성인이
대세를 이루고 있는 것이

오늘의 영성계 현실입니다.

채널을 주는 주체들이 누구이며
채널을 왜 나에게, 우리에게 무슨 의도로
지금 이렇게 주고 있는지
이 채널은 진실도❖가 얼마나 되는지
왜 이런 형상을 나에게 보여주는지
어찌하여 나에게
아무것도 모르는 나에게
여시아문의 세계를
누가 어떤 의도로
들려주고 보여주고 있는지
아무런 생각 없이 의문도 없이
자신이 대단한 능력을 가진 사람으로
착각하고 살고 있지는 않은지요?

세상에는 공짜가 없다는 것을
우리는 수없이 배웠음에도 불구하고
내가 보고 있고
내가 듣고 있는 이 세계
보이지 않는 세계에 대한 정보를
어찌 그렇게 쉽게 믿고 따르며
하늘의 이름으로
신의 이름으로
천사의 이름으로

진실도

진리, 진실과 부합되는 정도. 고전문헌의 경우에는 제작된 당시의 진실도가 높다 하더라도 시공간의 변화, 문헌의 전달과정 상의 오류 등으로 인해 진실도가 저하되기도 함. 채널링 메시지의 경우에는 '우주적 진리(영의식)'를 채널러의 의식(혼의식)을 통해 언어로 표현하는 과정에서 본래의 의미를 충분히 드러내지 못함으로써 진실도가 저하됨. 차크라 연결과 의식각성 없이는 84% 이상의 진실도를 유지하기 어려움.

자신을 속이면서까지
누구를 가르칠 수 있겠는가?

세상에만 공짜가 없는 것이 아닙니다.
하늘에서도
이 우주에서도 공짜는 없습니다.
나는 이렇게 보았노라
나는 이렇게 들었노라 역시 공짜는 없으며
그 대가를 반드시 치르게 되어 있으며
어설픈 관법과
어설픈 채널링으로 인한 피해 역시
오직 본인의 몫이며
본인의 삶의 무게입니다.
이런 오류와 거짓 채널과 형상을 통해
인류가 배워야 할
보이지 않는 세계의 법칙과 규칙을
피눈물 나는 시행착오 속에서
우리 인류는 배우게 될 것이고
그리고 성장하게 될 것입니다.

뻥카를 통한 의식 성장

채널링을 통한 공부를 하다보면
미치고 펄쩍펄쩍 뛸만한 일들이 생깁니다.
하늘의 소리라고 알고 있고
천사의 소리라고 알고 있으며
심지어 자신의 상위자아의 소리라고
들려주는 이야기를 듣다보면
금방이면 거짓으로 들통이 날 이야기를
며칠이나 몇 달 후면 거짓으로
판명이 날 것까지도 천연덕스럽게
너무나 자연스럽게 거짓 정보,
일명 '뻥카❖'를 주고 있다는 것입니다.

성질이 급하고 다혈질인 우데카가
뻥카를 눈치채고 채널러를 통해
하늘과 논쟁하고 화를 내고 소리를 지르는
모습을 보면 우데카와 채널링 메시지와
하늘의 소리에 대한 모든 정이 다 떨어질 정도로
모든 신뢰가 바닥이 드러날 정도로
분통 터지는 일이 종종 일어나기도 합니다.

공부 초기에는 뻥카가 50%나 차지할 정도로
심각한 수준이었으며

뻥카

거짓 메시지와 거짓 형상을 들려주고 보여주는 것을 말함.
본래 뻥카는 '뻥카드'의 준말로 포커(poker)와 같은 베팅(betting)을 하는 도박게임에서 사용하는 속어. 카드의 패가 좋지 않으면서 베팅을 크게 해 상대방을 겁먹게 만들어 소기의 목적을 달성하는 기술. 일상생활에서는 거짓말, 가짜와 같은 의미로 사용.

공부하는 사람의 의식이 깨어날수록
뻥카의 비중이 줄어드는 것 또한 사실이나
여전히 지금 이 순간에도
어떤 방식으로 뻥카 채널을 줄지
늘 긴장 속에 예의주시하며 공부하고 있으며
채널링에 의존하는 공부의 한계를
절실하게 느끼고 있습니다.

타임라인과 관계된 내용일수록
개인의 우주적 신분에 관계된 내용일수록
개인의 자유의지를 침범할 가능성이 있는
채널 내용일수록 뻥카가 심하게 주어집니다.
자신이 듣고자 하는 내용에 맞추어
거짓 정보를 주어 입맛을 맞추어 주고
교만과 자만을 부추기는 내용을 주기도 하고
시기심과 분별력을 요구하는 내용을 주면서
채널러의 두려움과 공포를 가속화시키기도 하고
일명 립서비스라 불리는
안심채널을 주기도 합니다.

하늘의 소리를 듣는 채널링 메시지의 진실도는
채널러의 의식수준이나 우주적 신분에 따라
시절인연에 따른
정보공개의 수준에 따라 결정됩니다.
상위자아 티칭의 시험과정에서

분별력을 기르기 위해
하늘에 대한 믿음을 보기 위해
하늘이 일하는 방식을 알려 주기 위해
하늘이 일하는 방식을 깨닫게 하기 위해
수많은 거짓 정보와 뻥카가 주어지며
앞으로도
빛의 일꾼의 의식각성이 일정 수준에
이를 때까지 지속적으로 주어질 예정입니다.

하늘의 소리라고 다 하늘의 소리가 아니고
채널이라고 다 채널이 아니라는 것을
하루라도 일찍 터득하는 사람만이
시행착오를 줄일 수 있으며
하늘이 일하는 방식을 이해할 수 있으며
공감할 수 있으며 이것이 우주의 법칙이자
하늘의 법칙임을 이해하게 될 것입니다.

정말로 당신은 100% 진실을 담은
하늘의 소리를 듣기를 원합니까?
그런 사람을 위해
우데카의 다음 질문에 대한 답을
먼저 생각해 보시기 바랍니다.

당신은 하늘의 진실의 무게를 감당할 수
있을 만큼 의식이 각성되어 있습니까?

당신은 하늘이 정한 미래의 계획을
왜곡시키지 않을 자신이 있거나
그것을 지켜낼 힘이 있습니까?
당신이 묻고 있는 내용이 우주의 법칙에
부합된다고 확신할 수 있습니까?

당신의 하늘에 대한 믿음이
전체의식과 함께할 만큼 전체의식 속에서
호흡하고 공명하고 있습니까?
당신은 우주의 법칙과 하늘이 일하는 방식을
얼마나 알고 있다고 생각합니까?
당신은 하늘의 방식으로 당신은 빛의 방식으로
마음 쓰는 법을 알고 있습니까?

여러분의 의식이 각성되어 준비될 때까지
시험은 계속될 것이고
분별력을 기르고
자만과 교만을 내려놓는 하심을 위해
빛의 방식으로 마음 쓰는 법을
온전하게 익힐 때까지
자기 의식수준에 맞추어
하늘은 뻥카를 지속적으로 줄 것임을
우데카가 전합니다.

여러분의 건투를 빕니다.

진정한 여시아문의 세계를 열려면

수행을 하고
깨달음을 구하고
진리를 구하고
도를 구하는 사람의 궁극적인 목표가
남이 보지 못하는 것을 보고
남이 듣지 못하는 것을 듣고
특수능력을 얻고자 하거나
이것을 돈벌이의 수단으로 삼거나
권력을 구하고
부귀와 명예를 얻기 위한 도구로써
하늘의 특수능력을 얻고자 하는
자칭 정도를 벗어난 구도자와 수행자를 위해
준비된 하늘의 선물이 있는데
그것을 뻥카라고 합니다.

하늘이 들려주는 대로
하늘이 보여주는 대로
맹목적으로 믿고 따르고
순종하는 사람들이 만들어 놓은 세계를
여시아문의 세계라고 합니다.

여시아문의 세계는

들려주고
보여주는
하늘의 의도된 계획에 의해 쉽게
본질에서 벗어나거나
우주적 진리에서 벗어나
오염되고 변질될 수 있습니다.

하늘의 소리를 듣는 자와
하늘이 보여주는 형상을 보는 자의
의식 수준이나
무의식의 수준
잠재의식의 수준
그가 살고 있는 물질적 토대가 되는
자연환경이나 사회 문화적 수준에 따라
여시아문의 세계는 펼쳐지며,
듣고 보는 사람은 그렇게 들었지만
그것의 진실 여부는 알 수 없는 것이며
그 과정에서 정치권력에 의해 늘
변질되고 오염되어 온 것이
지구의 여시아문의 세계입니다.

오염되고
각색되고
조작된 하늘의 소리는
인류의 의식을 추락하게 하였으며

진리를 진리라고 인지하지 못하게 하였으며
진리에서 멀어지게 함으로써
진실을 말하거나
진실을 전하는 사람이 오히려
어렵고 힘든 상황을 겪게 되었으며
인류 대부분의 집단 무의식 속에는
오염되고 변질된 지식으로 가득 차 있으며
지구가 진리에서 이탈해 있고
어둠의 행성으로 추락한 이유가
바로 여시아문 세계의 속성 때문입니다.

여시아문의 세계는
지금도 뺑카라는 의미로
우리에게 가까이 와있으며
하늘의 계획된 의도이든
받은 사람의 문제이든
모든 것이
하늘의 완전한 통제 속에 있다는 것을
아는 사람이 지혜로운 사람일 것입니다.

이것을 알고 있는 사람이 즐겨 쓰는
말이 있습니다.
이 우주에서 잘못되는 것은 아무것도 없으며
영혼의 입장에선 억울한 죽음 또한 없으며
모두가 영혼의 성장과 진화를 위해

공부하는 과정이라는 것을
아는 사람만이
여시아문의 문을
온전히 통과한 사람이며
의식의 각성을 온전히 이룬 사람임을
우데카가 전합니다.

나는 이렇게 하늘의 소리를 들었으며
나는 이렇게 하늘의 세계를 보았으며
나는 신의 음성을 이렇게 들었다고
말하는 사람에게 우데카가 전합니다.

하늘의 소리라고 다 하늘의 소리가 아니며
내가 본 것이 본 것이 아니며
내면의 소리라고 다
내면의 소리가 아니라는 것을 알고
뼈를 깎는 고통과 절망
두려움과 공포를 넘고 넘어
모든 것이 부질없음을 알고 깨달은 후에야
뻣뻣해진 목이 부드러워지고
자만과 교만이 사라지고
세상 모든 것이 아름답게 보이며
오직 감사함만이 가득하게 됩니다.
오직 청정하고 순수한 마음을 가진 인자만이
자신의 에고와의 싸움에서 승리한 사람만이

진정한 여시아문의 세계를 열 수 있으며
하늘의 좁은 문을 통과한 사람이라는 것 또한
우데카가 팁으로 전합니다.

7부. 빛의 전사의 길

지구 차원상승 프로그램에서
시험과 담금질은
이 지구 프로그램이 종료되는
마지막 순간까지 지속되며
끝까지 하늘을 믿고
순종하는 인자들에게
하늘은 좁은 문을 허락하며
그에게 부여된 임무와 역할을
맡길 것입니다.

우주의 카르마와 실험행성 지구

지구는 단독으로 존재하는 행성이 아닙니다.
인류의 의식은 그동안
지구 대기권 밖을 벗어나 본 적이 없지만
지구를 운영하고 있었던 어둠의 세력들은
언제든지 지구 대기권 밖을 벗어나
우주와 연결되어 있었습니다.

지구라는 행성을 운영하고
우리가 하늘이라고 부르는 천상정부는
지구라는 3차원 행성의 진화과정에
우주의 다양한 문제들을 가지고
다양한 실험을 하게 되고
우주의 다양한 카르마들을
지구행성에 펼쳐놓았습니다.
그 해법을 찾기 위해
지구행성에
다양한 무대장치가 설치되고
우주에서 문제의 당사자들이 배우로 초청되어
우주의 카르마를 해소하는
역사가 만들어지게 됩니다.

개인의 카르마는

신이 인간에게 베풀어 주는
은총의 대상이 아닙니다.
오직 그 개인이 살아가면서
풀고 해원하는 것이
우주의 법칙입니다.
집단이나 민족,
행성의 카르마나 우주의 카르마 역시
초월적인 존재가 사면해주는 것이 아닌
오직 삶 속에서
역할 속에서 해소되는 것이
우주의 준엄한 법칙입니다.

지구는 우주의 진화과정에서 생긴
다양한 우주적 카르마를 해소하기 위해
하늘에서 준비한 행성인 동시에
1차원에서 15차원의
우주의 다양한 에너지들이 들어와 있는
다차원 행성입니다.

다차원 지구가 갖는 의미는 바로
다른 3차원 행성에는 없는 특별함이며
지구의 문제가 지구만의 문제가 아닌
전우주의 관심이 집중되어 있고
우주의 진화와 관련이 있는
중요한 행성이라는 것입니다.

지구의 문제는 어느 한 개인이
어느 한 국가나 민족이
쉽게 해결할 수 있는 것이 아니라
오직 이 프로그램을 기획하고 준비한
하늘만이 그 해법을 가지고 있는 것입니다.

250만 년 동안 준비되고 계획된
우주의 프로그램이
지구의 5차원 차원상승과 맞물리면서
지금 지구에서 펼쳐지고 있는 것입니다.
급격한 자연재해와
어둠의 정부를 통해
하늘이 준비하고 계획한 경제공황을 시작으로
인류가 한 번도 경험하지 못한
경천동지驚天動地할 일들이
아무도 모르게 준비되고 있고
그 때가 되면 예정대로
프로그램대로 진행될 것입니다.

대우주의 6번째 주기 동안 생긴
우주의 카르마를 지구행성에 집적시켜
카르마를 해소하는 대장정의 역사가
바로 단지파의 비밀이며 핵심인 것입니다.
다차원 지구에는
물질 중심의 짙은 어둠이 펼쳐졌으며

어둠도 다양한 차원에서 개입하여
어둠의 행성으로 50만 년 동안이나
방치되어 있었습니다.
이제 그때가 되어
우주의 카르마를 해소하고
새로운 우주의 주기를 열고
지구의 차원상승을 열기 위해
많은 변화들이 지금 조금씩 일어나고 있습니다.
변화가 일어나기 전에는
아무도 눈치채기 어려울 것이며
변화가 오기 전에는 심정적으로 알고 있는
영성인과 깨어난 일부 사람도
발가락 하나 움직이지 않을 것입니다.

변화의 때를 알고 준비하는
극소수의 사람들만이
그때를 준비하고 있을 뿐입니다.
믿음의 본질은 보지 않고 믿는 것입니다.
그때가 지금입니다.

빛의 일꾼은 만들어진다

빛의 일꾼은 수행이나 명상을 통해
집단적인 기도를 통해
영안이 열리거나
도통이 되면서 만들어지지 않습니다.
빛의 일꾼은 내가 하고 싶다고 되고
빛의 일꾼은 내가 하고 싶지 않다고
포기되는 것이 아니라
아무도 모르게
아무도 모르게
하늘은 그들을 준비시키고 훈련시키면서
하늘의 방식대로 일을 진행시킬 뿐입니다.

「우주학교」를 개설하고
빛의 일꾼을 훈련시키는 곳으로
「빛의 생명나무」가 있었으며
「빛의 생명나무」가
지구(테라terra) 프로젝트❖의 중심이라는 것을
대중들이 인지할 때에는
지구는 대규모 재난을 맞이하여
모든 것을 잃고
갈 길을 잃고
망연자실해 있을 때가 될 것입니다.

지구(가이아, 테라) 프로젝트(GAIA PROJECT)

지구의 탄생에서부터 마지막 지구 정화까지를 포함하는 우주성장 프로젝트. 지구와 인간 그리고 지금 진행 중인 지구대변혁을 우주적 시각에서 조망한다면 우주의 성장을 위하여 오랫동안 구상되었던 지구의 백신 프로그램인 게(Ge) 에너지가 이 프로젝트의 핵심임을 이해하게 됨.

이것이 하늘이 일하는 방식이며
그렇게 될 것이며
그렇게 될 것입니다.
「빛의 생명나무」에서 훈련받고 교육받은
내용들은 역장力場❖ 안에서 재교육될 것이며
하늘이 일하는 방식에 대해
눈뜨는 인자가 많을수록
인류의 의식각성은 높아지고
인류의 고통의 시간 또한 줄어들 것입니다.

역장(力場)

천상정부 메타트론 그룹에서 방사능, 화산폭발, 지진, 해일 등 재난을 대비하여 인류를 보호하기 위해 설치해 놓은 에너지 보호막. (P197. 자료 참조)

7부

「빛의 생명나무」에서 훈련받은 일꾼은
군계일학群鷄一鶴으로 빛의 일꾼을 넘어
빛의 전사로서 맹활약하게 될 것이며
세계 각지에 흩어져 있는
빛의 일꾼들 또한
천상정부의 완전한 통제 속에서
철저한 훈련을 통해
자신이 맡은 역할과 임무를
충실하게 수행하게 될 것입니다.

빛의 일꾼은
천상정부의 천사들을 통해
귀신들을 통해
어둠의 천사들을 통해
자신의 상위자아를 통해

지금 이 시간에도
토끼몰이를 통해
몽땅털어 가기를 통해
예정된 사람이 예정된 프로그램대로
자신의 삶 속에서 각자의 그릇대로
자신의 역할과 임무에 맞게
맞춤형으로
준비되고 있으며
훈련받고 있으며
만들어지고 있습니다.

성인은 지상에서 만들어진다

성인은 하늘에서 완성되어
구름을 타고 오거나
우주선을 타고
지상으로 내려오지 않습니다.
모든 성인들은 그 시대의 가치 실현을 위해
그 시대의 역사 한 가운데에서
대중들과 함께 살며 호흡하면서
그 시대의 문제를 해결하였으며
그것이 성인에게 주어진 사명이자
운명이었으며 요즘 말로는
프로그램이라고 합니다.

앞으로 출현하게 될
예수님과 수많은 보살들과 미륵들 또한
하늘에서 만들어져서
어려운 시대에 나타나는 것이 아니라
이 땅에 살면서
오랜 세월동안 세상의 한 가운데에서
시련과 고통을 통해 준비되고 있으며
혹독한 훈련을 통해 의식각성이
이루어지고 있는 것입니다.

수많은 불보살들과 미륵들은
여러분 주위에 있으며
예수님과 그 외에 수많은 빛의 일꾼들도
하늘의 계획에 의해
치밀한 계획과 완전한 통제 속에서
준비되고 만들어지고 있습니다.

앞으로 출현하여 세상을 구할 성인들과
빛의 일꾼들과 빛의 전사들 또한
아무도 모르게
아무도 모르게
그럴 리가 없어
그럴 리가 없어
아무도 예측하지 못하는 방식으로
하늘이 일하는 방식으로
육화를 통해 지구 위를 걸었던 모든 성인들 처럼
피눈물 나는 훈련 속에서
준비되고 있으며 교육되고 있습니다.

「빛의 생명나무」 역시
그런 일꾼들과 보살들을
길러내는 교육기관이며
세계 곳곳에 자신의 인연법에 의해
수많은 성인들과
빛의 일꾼들=미륵들=아보날들이

준비되고 있음을 우데카가 전합니다.

이 땅에 살면서 준비되는
빛의 일꾼들과 성인들을
일반인들이 보고 눈치채고 알아챈다는 것은
불가능합니다.
이들은 물질적 풍요를 가지고 있지 않으며
사회적 지위 또한 높지 않으며
외모 또한 '찐빵'에 가까우며
그들은 의식이 깨어나기 전까지는
자신의 인생이 요 모양 요 꼴인 것에
불평불만을 품고 사는
사회적으로는 별 볼 일 없거나
너무나 평범한 모습을 하고 있기 때문에
그들을 알아보고
눈치챈다는 것은 불가능합니다.

하늘이 일하는 방식은 늘
진짜를 보호하는 가짜들이 먼저 나와
활동하고 있기 때문에
수많은 가짜들 중에 진짜를
대중이 알아본다는 것은
하늘의 인연이 없이는 불가능하며
세상 사람들의 눈높이로 보면
그들은 특별한 능력을 가진 사람이라는

인식이 있지만
만들어지는 과정 중에 있는 빛의 일꾼은
사실 아무 능력이 없는 경우가 대부분이며
의식이 깨어나기 전에는
하늘의 좁은 문을 통과하기 어려울 뿐 아니라
하늘의 시험을 통해 단련되고 담금질하는
인고의 시간과 세월을 보내야
하늘문을 열 수 있을 것입니다.

의식이 깨어나기 전에 빛의 일꾼은
아무 능력이 없을 뿐 아니라
오히려 사회적으로 영향력이 없는
평범한 이웃집 아저씨와 아줌마로
살고 있을 뿐입니다.

하늘의 치밀한 계획 속에
토끼몰이를 하는 방식으로
완전한 관리와 통제 속에 준비되고
깨어날 때를 기다리는
미래의 성인들과 불보살들과
미륵들이 있을 뿐입니다.
이들의 현재는
새끼 병아리처럼 눈만 껌뻑인 채로
사회에서 밀려난 패배주의자로
사회 부적응자로 조울증과 우울증을

가진 신용불량자로
이혼녀와 이혼남으로
사기꾼으로 몰리면서까지
자기 신분을 철저히 감추고
의식이 깨어날 때까지 피눈물 나는
훈련을 하늘로부터 받고 있습니다.

되는 일 하나 없는 사람에서부터
자살을 늘 생각하는 사람,
일반인이 걱정하는 수준의 종교에 빠진
맹신자까지
철저하게 숨겨지며
자신의 타임라인이 되기 전까지는
아무도 모르게
아무도 모르게
자신도 아무것도 모른 채
준비되고 훈련받고 있으며
수많은 빛의 일꾼들이 있으며
때가 되면 하늘의 인연법에 의해
의식이 깨어나 빛의 일꾼으로서
자신의 역할을 충실히 해나갈 것입니다.

그렇게 준비되고 있으며
그렇게 될 것이고
그렇게 될 것입니다.

7부

지구는 3차원 매트릭스의 연극무대

지구행성에서 과거에 일어났던 모든
역사적인 사건이나 그 밖의 모든 사건들 또한
인류와 하늘이 공동으로 창조한 역사입니다.
인류의 역사 뒤에는 항상
하늘의 계획과
하늘의 뜻이 있었으며
하늘이 준비하고 설계하고
인류가 배우로서 참여한 역사였습니다.

인류 혼자서
인류의 자유의지로서
문화나 문명을 창조한 것처럼 보이지만
그 뒤에는 하늘의 계획이 있었으며
큰 프로그램 속에 각자의 인생에 맞추어진
작은 프로그램이 존재하며
감정의 흐름까지 고려한
세부적인 프로그램이 있습니다.
인류의 역사는 하늘과의 공동작품이며
인간의 자유의지와 욕망이 낳은
굴곡과 질곡의 역사입니다.

하늘은 지구행성에서 문명을 펼치면서

우주의 모든 문제들을 지구에서
모의실험하였으며
지구행성에서 행하여졌던 모든 것은
데이터로 축적되었으며
이것은 6번째 우주의 주기를 청산하고
대우주의 7번째 주기를 여는데
보물과도 같은 것이며
이 모든 것은 가이아❖의 게(GE)에너지에
축적되어 있으며
대우주의 진화를 위해
꼭 필요한 과정이었습니다.

그 임무와 역할을 위해
지구행성에서 실험에 참여한 모든 영혼들에게
우데카가 하늘을 대신하여
고마움과 감사함을 전합니다.

지구는 1차원에서 15차원의
모든 에너지들이 공존하여
각 차원의 에너지를 모두
체험하고 공부할 수 있는
다차원 행성인 동시에
우주에 설치된 3차원 물질행성 중
난이도가 가장 높은 행성 중 하나입니다.

가이아(Gaia)

네바돈 은하의 어머니 창조주이신 네바도니아(Nebadonia)에서 분화된 의식으로, 지구를 인격적으로 부르는 말이기도 함. 지구행성의 수많은 생명체를 낳고 기르며, 진화와 차원상승을 책임지고 있는 고차원 의식.

3차원 행성 하나를 운영하는데
하늘의 입장에서도 참 많은 노력과
참 많은 정성이 필요합니다.
에너지체로 존재하는
천상정부 소속 수많은 천사들과
6차원 용들과 많은 정령들을 비롯하여
4차원 영계의 귀신 선생의
보이지 않는 노력과 봉사가 있었으며
우주에 존재하는 수많은 식물과 동물 역시
지구행성을 위해 인고의 세월을 보내며
인류를 위해 봉사하고 희생했던 것입니다.

지구행성의 역사는 인류만의 역사가 아닌
3차원 매트릭스를 유지하는데 참여했던
수많은 존재들의 노력과 수고, 봉사로 이루어졌으며
우주의 모든 에너지들이 참여했던
다차원 행성의 역사입니다.

인류의 의식만이
깊은 잠에서 깨어날 줄 모르고
한 행성의 문명종결을 앞두고 있는
현 시점에서
'아무것도 모르는 사람아'로 살고 있으며
인류만이 아무것도 모르는 채
사이비니 어둠이니

옳고 그름의 정의감에서 벗어나지 못하고
3차원의 견고한 물질의 매트릭스 구조를
보지 못하고 물질세계에서 벗어나지 못하는
의식의 깊은 잠을 자고 있을 뿐입니다.

이 3차원 매트릭스의 주관자는 하늘이며
이 매트릭스의 무대는 지구라는 행성이며
여러분이 문화와 문명이라고 하는 것은
무대의 세트장치이며
여러분은 이 연극을 위해 전 우주에서
초대받고 온 귀한 연극배우입니다.
그동안 참 고생 많으셨습니다.

무대의 막이 내려지고
무대 장치를 철거하기 위해 준비 중이며
배우들은 입었던 옷을 벗고
다른 행성에서 다른 배우로서
초청받고 갈 날짜만을
기다리며 대기하고 있는 중입니다.

여러분은 각자의 성적표를 가지고
다른 배우의 삶을 살기 위해
대기실에 옮겨지기 전 마지막 남은
지구에서의 한때를 보내고 있는 것입니다.
즐거운 시간되시길 바랍니다.

실험인종 호모 사피엔스

호모 사피엔스는 6번째 대우주를 마무리하고
7번째 대우주를 열기 위해
대우주의 진화에 맞추어 창조되었으며
지구라는 행성에 투입되어
우주의 모든 문제를 해결하기 위한
실험인종으로써 역할을 수행하기 위해
창조된 최신형 휴머노이드humanoid 모델입니다.

아보날 그룹 중 약사여래에 의해
6차원 실험실에서 창조되었으며
창조 당시에
4가지 유전형질❖을 가지고 만들었는데
그 근거가 형상의학形象醫學에 남아 있습니다.

호모 사피엔스는
독맥 상에 7개의 형질선形質線❖이 있으며
임맥 상에 12개의 감정선感情線❖이 있으며
유전 형질로는
어류魚類, 주류走類, 갑류甲類 및 조류鳥類의
에너지로 구성되어 있으며
대뇌피질에 갑류의 에너지가 많이 분포하여
충동적이거나 공격적인 성향이

4가지 유전형질

형상의학(形象醫學)에서 인간을 분류하는 4가지 동물 유형으로 조류(鳥類), 어류(魚類), 주류(走類), 갑류(甲類)를 말함.
조류는 새, 어류는 물고기류, 주류는 사자 등의 네 발 달린 짐승으로 포유류, 갑류는 거북처럼 등껍질이 있는 생물, 곤충이나 파충류를 의미.

형질선(形質線)

성격선이라고도 함. 하늘이 인간의 성격을 조정하는 선은 7개 색상으로 독맥을 따라 존재함. 생각이나 느낌, 뇌의 작용을 상위자아나 천상정부가 조율하고 있음. 빛을 보는 수준 5단계가 되면 볼 수 있음.

감정선(感情線)

하늘에서 인간의 욕망이나 감정 등을 조정하는 12 가닥의 에너지 선으로 갑상선을 중심으로 임맥을 따라 존재. 감정선과 성격선으로 인해 인간은 하늘의 통제를 벗어날 수 없음.

강하게 나타납니다.

호모 사피엔스는 4가지 유전형질을 가지고
창조되었으며 우주의 모든 문제점들을
시험할 실험인종의 역할을 수행하기 위해
창조되었습니다.
4가지 유전형질의 비율 조정을 통해
다양한 인간 유형을 조합할 수 있었으며
감정선과 형질선의 배열과 조절을 통해
하늘은 호모 사피엔스의 모든 것을
완벽하게 관리하고 조절할 수 있습니다.

호모 사피엔스를 창조할 당시에
창조 프로젝트명이
'인간은 상상할 수 있는
모든 것을 할 수 있는 존재이다'임이
하늘로부터 공개되었습니다.
그만큼 호모 사피엔스는
에너지를 많이 가지고 있으며
충동적이며 이성적이며 감성적인
복합적인 개성을 가진 존재로
실험목적에 맞게 6차원 과학기술이
총동원되어 창조되었습니다.

인간은 상상할 수 있는
모든 것을 할 수 있는 존재이기에

다양한 창조를 할 수 있었으며
다양한 부정성 또한 시험하기에 좋은
맞춤형 휴머노이드형 인종입니다.
호모 사피엔스를 통해 얻고자 했던
모든 데이터를
하늘은 확보하였으며
다음 인종이나 다른 행성에서 있을
우주의 진화에 필요한 기초정보와
자료 또한 수집되었으며
대우주의 진화과정상 생겨날 수밖에 없었던
모순점들을 해결할 수 있는 해법 또한
지구의 250만 년의 길고도 긴 역사를 통해
가이아의 게(Ge) 에너지를 통해
모든 것이 순조롭게 준비 되었습니다.

호모 사피엔스는
호모 아라핫투스라는 새로운 인종의
부모 역할이 마무리되는 대로
역사의 뒤안길로 사라질 예정입니다.
좀 더 진화된 인종이 우주의 역사에서
그 역할을 수행하게 될 것입니다.
호모 사피엔스는 창조 목적에 맞추어
아름다운 지구에서 훌륭하게 임무를 마쳤으며
마지막 정리 작업을 위한 마무리 수순이
지금 여러분 앞에 펼쳐지고 있는 것입니다.

영혼의 여행에서
호모 사피엔스는 다소 불편하긴 했어도
훌륭한 외투였으며
신상품으로 준비된 새로운 옷을 입고
휴머노이드형 아바타의 옷을 입고
광활한 우주의 여행을 하고 있는 여러분을
다른 행성에서 또 다시 보게 될 것입니다.
그동안 수고하셨습니다.

호모 사피엔스의 감정 통제

사람의 감정을 하늘에서 통제하는 것은 어렵지 않습니다. 호모사피엔스는 임맥을 따라서 감정을 주관하는 12개 통제선이 배열되어 있으며 독맥을 따라선 정신과 의식을 주관하는 7개의 통제선이 배열되어 있습니다. 이를 통해 천상정부는 각 개인의 감정을 98% 이상 완전히 통제하고 관리할 수 있습니다.

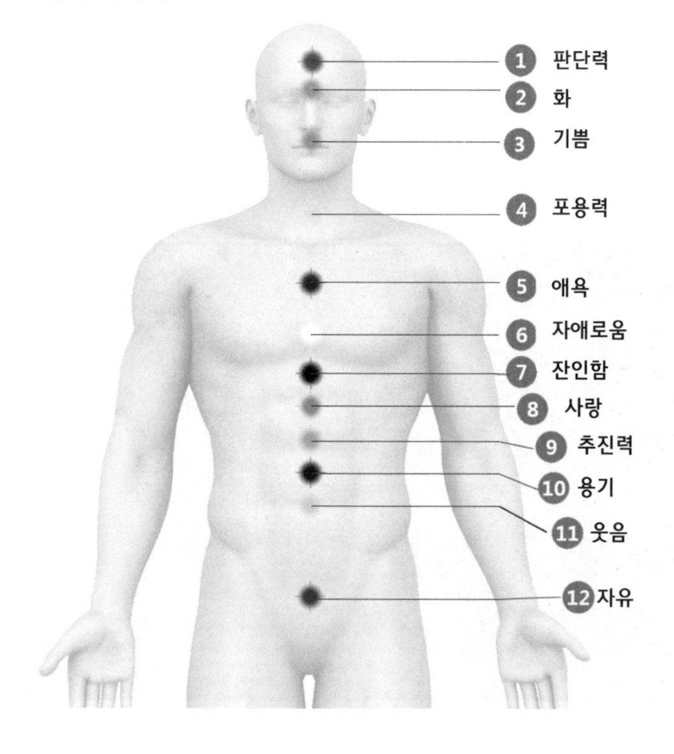

인간의 감정은 셀 수 없을 정도로 다양합니다. 이러한 감정들을 구분하여 언어로 표현하는 것은 한계가 있습니다. 수많은 감정들은 12개의 감정선이 복합적으로 작용한 결과이며, 한 가지 감정선에도 여러 가지 감정들이 포함됩니다. 예를 들자면 8번 사랑에도 시기와 질투가 포함됩니다.

1번 판단력을 주관하는 감정선의 주파수를 내린다면 어떤 일이 생길까요? 판단력이 흐려지고 평상시에는 잘 해오던 일도 실수를 하게 됩니다. 4번 포용력이 낮은 사람들은 혼자 잘난 외톨이일 가능성이 높고 육체적으로도 갑상선암이 걸릴 수 있습니다. 10번 하완혈 감정선을 높인다면 뱃심 있고 용기 있는 추진력으로 무슨 일이든 잘 진행하게 되며, 11번 신궐혈을 올린다면 배꼽잡고 웃는 명랑하고 사교적인 성격이 됩니다.

통제선에 대한 주파수 조절의 양은 의식이 높을수록 많이 조절해야 그 사람을 원하는 방향으로 움직일 수 있습니다. 의식이 높다는 것은 긍정적 감정선들은 높고 부정적 감정선들은 상대적으로 낮다는 것입니다. 따라서 의식이 높을수록 강한 자극과 높은 진동수로 충격을 줘야 영향을 받습니다. 의식이 높은 사람을 천상정부에서 의도적으로 화를 내게 하려면 화를 주관하는 2번 감정선이 낮게 조종되어 평온한 상태이기 때문에 순간적으로 2번 감정선을 강하게 올려야 합니다. 이렇게 여러분의 감정 하나하나, 생각 하나하나까지 천상정부에서 일정수준에서 관리되고 있습니다. 의식이 낮거나 영혼의 나이가 어리거나 삶의 경험이 적은 사람들은 작은 변화와 충격에도 감정이 쉽게 변하듯이 천상에서도 관리하기가 쉽습니다.

어떤 감정이 포착되었을 때 그것이 나에게 어떠한 방향과 공부의 흐름인가를 눈치챈다는 것은 매우 어렵습니다만, 이게 여러분이 숱하게 들어왔던 알아차림이라는 것입니다. 알아차림은 초감각적인 느낌으로 그냥 아는 것이고 찰나의 순발력과 판단력이며 상위자아와 함께 한다는 것이고 온전함을 향해서 가는 길입니다.

상위자아가 아바타의 프로그램에 따라 일정기간 또는 특정시점까지 감정선 조정을 라파엘 천사에게 요청하면

라파엘 천사는 그에 맞춰 감정선을 조정합니다. 상위자아는 아바타가 느끼는 모든 감정을 일정부분 공유하고 있으며 순간순간 변화가 필요할 때 라파엘 천사를 통해 감정선을 조절하여 인생 프로그램에서 이탈되지 않도록 완전한 통제와 관리를 하고 있습니다.

4번 감정선 조절을 예로 들어 보겠습니다. 주파수 변동폭이 1에서 최대 10이라고 할 때 3으로 내리면 원래의 황금색이 점점 작아져서 테두리의 회색점으로 보입니다. 다시 3에서 7까지 올려보겠습니다. 황금색이 커지며 발산하는 빛이 순백색으로 보입니다. 감정선 조정은 각자의 역할과 프로그램에 맞춰서 정교하게 진행됨을 보여드렸습니다.

인내와 기다림의 담금질

하늘의 일을 하는 사람들에게
가장 힘든 것은
믿고 기다리고 인내하는 것입니다.
하늘일은 기다리는 일이 절반이라 할 만큼
하늘에 대한 믿음을
처음과 같이 한결같은 마음으로
유지하는 것이 가장 어려운 일입니다.

하늘의 일을 하기 위해 온
하강하는 영혼들은
다 자신의 역할과 임무가 있습니다.

자신도 모르는 채
아무것도 모르는 채 하고 있는 일이
거시적인 관점에서
거대한 지구 차원상승 프로그램의
입장에서 보면
그 역할과 임무에 맞게 잘 진행되고 있으며
꼭 진행되어야 할 일들이 진행되는 것이기에
지금 자신이 있는 곳에서
자신이 처해있는 상황에서
최선을 다하면 되는 것입니다.

하강하는 영혼일수록
그 역할과 임무가 큰 사람일수록
하늘은 담금질을 통해
수많은 시험들을 통해 준비시키고
일꾼으로 강하게 키우고 있는 것입니다.
역할이 크면 클수록
혹독한 시험들을 통과해야 하며
육신을 가지고 사는 한
마지막 남은 에고의 한 자락마저 비울 때까지
담금질과 시험은 계속될 것입니다.

지구 차원상승 프로그램에서
시험과 담금질은
이 지구 프로그램이 종료되는
마지막 순간까지 지속되며
끝까지 하늘을 믿고 순종하는 인자들에게
하늘은 좁은 문을 허락하며
그에게 부여된 임무와 역할을 맡길 것입니다.

믿음의 본질은 보지 않고
마음 한 자락을 하늘에 두고
사랑과 자비와 연민의 마음을 품은 채
자신의 모든 에고를 태우고 비워야 하며
인내와 인고의 세월을 견뎌내야 하는 것입니다
결코 혼자서는 갈 수 없으며

자신의 상위자아를 믿고
함께 길을 가는 도반들을 믿고
하늘을 온전히 믿는 충심으로
하늘과 인류에 대한 큰 사랑의 마음을
품은 인자만이
하늘의 좁은 문을 통과하게 될 것입니다.

사람은 자신의 그릇대로
하늘의 복을 받을 것이며
이 시험은 떨어뜨리기 위한 시험이 아니라
여러분의 역할과 임무를 원활히
수행할 수 있도록 하기 위한
시험과 담금질이라는 것을
알아채고 눈치채기 바랍니다.

큰 틀에서 보면
모두가 배움이고 공부이기에
아무것도 잘못되는 것은 없습니다.

어려운 시대에 우데카는
하늘에 인연이 있는
모든 인자들과 함께 할 것이며
여러분의 동료이자 리더로서
여러분과 이 길을 함께 갈 것입니다.
여러분의 건승을 기원합니다.

가족관계와 윤회의 법칙

두 남녀의 사랑이라는 행위 역시
자유의지로 보이고
자유의지처럼 당사자는 느끼지만
그 내용의 실상을 알고 나면
만나야 할 인연이 있어 만나는 것입니다.
풀고 맺어야 하는 하늘의 인연법이
그 프로그램(운명)에 있다는 것을
알아채고 눈치챈다는 것은
정말로 어려운 일입니다.

두 남녀의 사랑과 욕망
수많은 3차원적인 계산과 고민 끝에
가족이 형성되는데
그 이면에는 수많은 에너지가 그렇게 일이
진행되도록 돕고 있으며
꼭 그렇게 그이와 그녀가 만나는
프로그램이 진행되도록
큐피드의 화살이 동원되고 있으며
많은 빛의 천사들과 어둠의 천사들의
에너지가 작용한 끝에
하늘에서의 계획대로 프로그램대로
두 사람의 삶 속에서 펼쳐져야 하는

인연법 속 판도라의 상자를 열게 되는 것입니다.
가족이라는 인연법의 기초는
개인의 카르마와 우주적 카르마에 의해 형성됩니다.
가족관계가 3차원 물질세계에서
가장 질기고 끊기 힘든 인연의 고리인 이유가
사랑이 있고 믿음이 강해서가 아니라
바로 풀어내야 할 얽히고설킨
카르마가 그만큼 강하기 때문입니다.

인연법과 윤회를 살펴보면
삶의 덧없음과 카르마가 얼마나 무서운지
실감하게 됩니다.
전생에 내 자식이 이번 생에는
연인이나 부부로 오기도 하고
전생에 내 부인이 내 딸이나 아들로 오고
할아버지나 할머니가 내 자식으로 오기도 하면서
못다 해결한 카르마를 풀기 위해
서로 입장을 바꿔가면서
가해자가 피해자로, 피해자가 가해자로 오면서
때로는 평생 원수(부부)로
때로는 평생 빚쟁이(자식)로
때로는 평생 동반자(좋은 관계)로
때로는 남보다 못한 관계로
인연의 고리를 끊지 못하고
윤회의 수레바퀴를 돌리고 있는 것입니다.

하늘의 입장에서 보면
연인관계나 부부관계나 가족의 인연은
카르마와 인연법에 얽힌 관계로 만났거나
영혼의 진화과정 상 프로그램에 적합한 인연들을
상위자아가 기획하고 연출한 프로그램일 뿐
그 이상도 그 이하도 아닌
모두가 영혼의 여행 중에 만날 수 있는
인연이며 사연일 뿐입니다.

가족이 형성되는 우주적 이치와 순리를 알고 나면
가족에 대한 집착이 얼마나 부질없는가를 느끼게 될 것입니다.

의식의 각성이란
이렇게 상식의 수준을 뛰어넘어야 하는 부분이 존재하기에
노력한다고 수행한다고 이룰 수 있는 것이 아니라

하늘의 뜻과 우주에 대한 진리를
이해하지 않고선 불가능하다는 것이며
이것이 바로
진리가 너희를 자유롭게 하리라는 뜻입니다.
의식의 각성이란
행복하고 달콤한 꿈을 꾸다 잠을 깨는 것만큼
허망하고 덧없음을 아는 것입니다.

모든 얼킴과 설킴의 중심에 성과 권력에 대한 욕망

그리고 가족관계를 둘러싼 갈등이
자리 잡고 있기 때문입니다.

삶의 모순이 시작되는 곳이 가족이며
삶의 행복이 시작되는 곳 또한 가족이기에
각자의 삶의 무게만큼 인연법과 카르마의 무게만큼
가족의 의미는 사람마다 다르게 다가올 것입니다.

지금은 풀지 못한 숙제들을
풀어내야 할 숙제들을
밀린 숙제를 하듯 끝내야 하는 시기이기에
자신의 삶의 무게에서
가족이 주는 삶의 무게가 가벼운 사람일수록
그 동안 수많은 세월동안 카르마를
풀어내고 해원을 한 것이고
가족이 주는 삶의 무게가 무거운 사람일수록
힘들고 어려운 것입니다.

우주에서 카르마는 오직 당사자들끼리
서로 입장을 바꿔가며 역할을 바꿔가며
반드시 풀고 가야할 숙명과도 같은 것입니다.
그 속에 가족이 있고 나의 연인이 있으며
내 친구가 있고 내 동료와 내 스승이 있으며
내가 만나는 모든 사람들과의 인연법의
고리들이 거미줄처럼 얽혀 있는 것입니다.

이것이 3차원이 운영되는 우주적 원리이며
이러한 복잡한 인연법의 관계 속에
나의 삶이 있는 것입니다.
우리의 삶이 서로 연결되어 있는 것이며
서로가 서로에게 연결되어 있는 것입니다.
누군가가 의식의 각성을 이룬다는 것이
누군가가 깨달음을 이룬다는 것이
얼마나 귀하고 소중한 것인지 모릅니다.
인연법의 고리들을 다 풀어낸 후에야
가능하기 때문입니다.

이러한 우주의 원리와 질서의 법칙이 있기에
빛의 일꾼으로 온 사람이
왜 그렇게 남들보다 몇 배나 힘들고
고단한 삶의 연속이며
평범한 가족을 이루고 평범하게 사는 것이
왜 그토록 힘이 들었는지 아실 것입니다.

밀린 숙제를 하듯
모든 것을 내려놓는 마음으로
내가 가장 사랑하기 어려운 사람을
가족이라는 울타리에 모아 놓고
이해하고 용서하고
사랑하고 행복하라고
당신은 지금 가족이라는
인연법의 중심에 아직 머물고 있는 것입니다.

우주 프로그램 속에 지구 프로그램이 있다

한 가지 일에 몰두하다 보면
전체과정에서 내가 하는 일이 갖는 의미를
놓치는 때가 있습니다.
지구라는 3차원 물질(어둠) 매트릭스가
강한 행성에 빛의 일꾼으로 온 인자들과
대부분의 인류는 호모 사피엔스라는
육신의 감옥에 갇히게 되면서
기억을 봉인하고
자신의 상위자아가 있는 줄도 모르고
하늘과 소통이 단절되면서
내가 왜 이곳 지구에 태어났는지
내가 어디에서 왔다가
내가 어디로 가는지
내가 이곳에서 무엇을 하고 있는지
아무것도 모른 채 그냥 살고 있습니다.

사회에서 관습과 학습된 대로
눈에 보이는 것이 전부로 알고 있으며
9시 뉴스가 가치관 형성에 큰 영향을
미치고 있는 한정된 의식 속에 살고 있습니다.
남들보다 앞서가고
남들보다 잘 살면 그것이 최고인 가치 속에서

체험을 바탕으로 형성된 사고체계가
과학적이고 합리적이라는 착각 속에
살고 있는 것이 대부분 인류의 모습입니다.

한 번도 지구 대기권을 벗어난 사고를
한 적이 없는 것을 당연시 여기고 있으며
지구 대기권을 넘어
광활한 대우주가 존재하고 있다는
문제의식조차 없이
학교에서 배운 대로
언론에서 제공해준 정보만으로
과학적 합리주의를 명분으로 살고 있다고
믿으면서 자신이 똑똑한 사람이라 생각하며
우물 안에서 누릴 수 있는 최고의 행복과
만족을 누리며 살고 있습니다.

지구 대기권을 벗어난
인류의 의식인 지식과 진리들은 누군가에 의해
철저하게 봉쇄되고
철저하게 통제되고
철저하게 마사지된 정보들이라는 것을 알지 못한 채
오염된 정보들을 인류들은
상식으로
진실로
진리로

받아들이고 살고 있을 뿐입니다.

지구는 대우주 속에 티끌과도 같은
작은 행성이면서
이 티끌과도 같은 행성에
대우주의 모든 것이 다 들어있는
다차원 행성입니다.

이제는 인류가
행성의 타임라인 상
우주 속의 지구로 개혁개방을 해야 하는
절체절명의 시기에 도달해 있습니다.
강제적으로 지구라는 행성은
우주 속의 지구로
개혁개방을 할 수밖에 없으며
행성 주민들 또한 강한 충격 속에서
단기간에 의식이 급속도로 깨어나게 될 것입니다.

지구행성 주민들은
격변에 가까운 자연재해를 겪을 것이며
암울하고 참혹한
어둠의 방식을 경험한 뒤에야
빛의 방식을 배우게 될 것이며
전체의식으로 합류하게 될 것입니다.

이것을 지구의 차원상승이라 하며
후천개벽이라고도 표현했으며
성경에서 말하는 아마겟돈 전쟁의 실체입니다.
인류는 이 과정을 겪으면서
빛과 어둠의 치열한 대결 속에서
빛의 소중함을 배우고
의식의 대각성을 이루게 될 것입니다.

이제 머지않아
행성 지구는 대우주의 프로그램 속으로
합류할 것이며 그 위치와 신분이 새롭게
부여될 것입니다.
우주 속에 지구가 존재하며
우주적 프로그램 속에
지구의 프로그램이 한 치의 오차 없이
진행되고 있었다는 것을
인류의 의식이 각성되면서 알게 될 것입니다.

그렇게 될 것이고
그렇게 될 것입니다.

지구의 차원상승과 아보날 그룹

영혼은 에너지체로 존재합니다.
영혼은 외투를 선택함으로써
영혼의 물질체험을 시작하게 됩니다.
지구 역사 250만 년의 아보날 그룹의 역사는
이렇게 해서 시작되었습니다.

12차원의 대영에서 분화한 아보날 그룹은
우주의 진화과정 상 생긴 모든 문제점들을
지구에 옮겨놓고
이곳 지구에서 새로운 해결책을 찾으려고
1차원에서부터 영혼의 여행을 시작하였습니다.

12차원의 대영들은 우주의 주권자이거나
행성계와 항성계의 최고 관리자 그룹입니다.
이들은 1차원에서 12차원에 걸친
모든 차원을 경험하게 프로그램 되었으며
아보날 그룹은 지구에서
수만 년 동안 광물에 원소정령으로 있으면서
자신의 영적인 체험을 겪게 됩니다.

빛의 일꾼의 세포 하나하나에는
지구의 역사 250만 년을 거치면서 축적된
경험치들이 모두 기록되고 저장되어 있으며

1차원 광물에서 2차원의 식물들과
3차원 동물들의 몸에 들어가서 생을 살았으며
지금 마지막 주기에는 주로
호모 사피엔스의 몸에 들어와
지구 프로젝트에 임하고 있는 것입니다.

빛의 일꾼 프로젝트는 호모 사피엔스를 통한
6천 년의 역사를 넘어서는 것이며
250만 년의 긴 주기를 마무리짓는
대우주의 서사시입니다.

지구에서의 빛의 일꾼 프로젝트는
아보날 그룹의 장구한 역사이며
아보날 그룹의 핵심은 한민족을 중심으로 한
단지파의 흐름과 일치합니다.

광물의 체험에서부터 식물과 동물까지
모든 것을 체험하고
우주의 모든 문제점들을 모두
지구에 재현하였으며
그 과정의 펼쳐짐이 지구 250만 년의 역사이며
그 마지막 주기에는
호모 사피엔스를 통한 창조주의 실험이 있었으며
그 실험의 내용이 인류의 역사이며
인류 역사의 아픔이자 성장이었습니다.
우주의 최고 책임자들이 계급장을 떼고

직접 육신을 가진 존재로 육화하여 경험해봄으로써
우주의 모순점과 문제점에 대한 해법을 찾았으며
가해자와 피해자를 서로 바꿔가며 모든 것들을
다 재현하였고 해원상생하였던 것입니다.

지구가 그토록 다양한 문화와
독특한 역사를 갖게 된 것 역시
우주의 모든 문제점들을 모두 모아서
지구에서 다시 펼쳤기 때문입니다.
이들의 중심에 아보날 그룹이 있었으며
이러한 경험과 체험을 통해
대우주는 불완전한 것들을 극복하며 진화함으로써
완전한 창조의 과정을 펼치고 있는 것입니다.

모든 지구의 역사의 중심에
아보날 그룹이 있었으며
아보날 그룹이 서로 역할을 바꿔가며
창조한 역사이며 상승하는 영혼들이
함께 참여하고 진행한 공동의 역사입니다.
문명의 시작과 처음이 아보날 그룹이기에
지구의 물질문명의 종결과
새로운 5차원 지구로의 차원상승의
주인공 역시 아보날 그룹입니다.
원시반본原始返本❖의 원리에 의해
네바돈 우주의 변방에 있는 지구행성에
아보날의 수여가 있을 예정이며

대우주의 역사와 지구의 차원상승의 역사가
한반도를 중심으로 펼쳐질 예정입니다.

축제의 막이 오르고 있습니다.
축제를 준비하고 계획한 것은
아보날 그룹인 빛의 일꾼들이지만
축제의 주인공은 노란빛 영혼들인
상승하는 영혼들입니다.
이곳 지구에서의 축제는
아보날의 수여와 지구의 차원상승이
같은 시간, 같은 공간에서
동시에 이루어진다는 특별함이 있습니다.

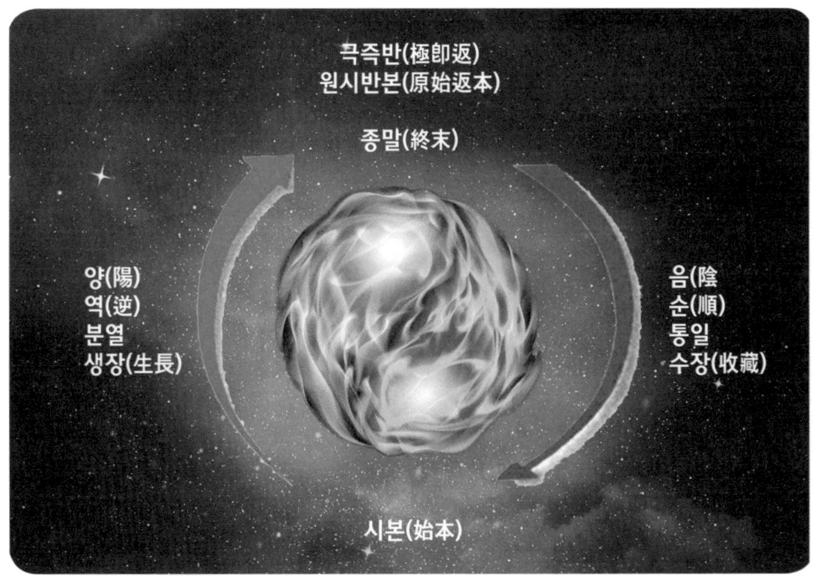

원시반본(原始返本)

처음과 근본으로 되돌아간다는 뜻으로, 순환하는 우주질서에서 변화의 극점(極點) 즉, 반환점 (turning point)에서 다시 복귀하는 원리임.

하얀 민들레

- 진미령

나 어릴 때 철부지로 자랐지만
지금은 알아요. 떠나는 것을
엄마 품이 아무리 따뜻하지만
때가 되면 떠나요. 할 수 없어요.

안녕 안녕 안녕 손을 흔들며
두둥실 두둥실 떠나요.
민들레 민들레처럼
돌아오지 않아요. 민들레처럼

나 옛날엔 사랑을 믿었지만
지금은 알아요. 믿지 않아요.
눈물이 아무리 쏟아져 와도
이제는 알아요. 떠나는 마음

조용히 나만 혼자 손을 흔들며
두둥실 두둥실 떠나요.
민들레 민들레처럼
돌아오지 않아요. 민들레처럼

민들레처럼
민들레처럼

하늘이 스스로 정한 그 길

하늘에 대한 올바른 이해 없이
하늘이 일하는 방식에 대한 이해 없이
하늘을 기존의 상식이나 종교의 틀 속에서만
이해하고 받아들이는 좁은 의식으로는
새 하늘과 새 땅을 이루어낼 수 없습니다.

새 하늘과 새 땅은
인류의 시민의식이 높아지고
종교가 제 역할을 다하고
지금의 물질사회가 오래 지속되고
물질적 풍요 속에 행복을 누린다고
다가오는 것이 아닙니다.

새 하늘과 새 땅은
인류 의식이 각성될 때만이 가능하며
인류의 집단의식의 각성을 위해서
인간이 3차원에서 생각하는 방식의
개혁이 아닌
하늘이 주관하는

하늘이 일하는 방식으로
새 하늘과 새 땅은 열릴 것입니다.
하늘은 인류에게
한 번도 경험하지 못한
극한적 상황들을 펼칠 것이며
그 과정에서
그동안 옳다고 믿었던
합리주의라고 믿었던
철석같이 믿었던 모든 가치들의 허망함을
경험하게 될 것이며
오염된 모든 지식과 상식은
대우주의 사랑의 법으로
모두 대체될 것이며
우주의 법칙을 모두가 습득하고 배울 때까지
우주의 시민법이라고 하는
전체의식으로 하나가 될 때까지
생존이 불가능한 극한적 상황들을
인류 앞에 펼쳐 놓을 것입니다.

선과 악의 개념을 이해하기 위해
짙은 어둠을 체험하게 될 것이며
짙은 어둠 속에서
빛을 그리워하게 되고

나만 생각하는 개인주의 성향들이
티끌만큼도 남지 않을 때까지
혹독한 시험과 피눈물 나는 고통의
역사가 펼쳐질 것입니다.

하늘의 순리를 따르는 자
하늘이 일하는 방식을 이해하는 인자만이
새 하늘과 새 땅의
주인이 될 것입니다.
여러분 중에 숨어있는 보석인
새 하늘과 새 땅의 주인을 찾아 주기 위해
우데카는
여러분과 함께할 것입니다.

귀 있는 자 들을 것이고
눈 있는 자 하늘 법의 냉정함을
보게 될 것입니다.

2016년 1월
우 데 카

누구도 상상하지 못하는

하늘이 일하는 방식

2016년 1월 25일 초판 1쇄 펴냄
2016년 2월 5일 초판 2쇄 펴냄
2023년 4월 10일 2판 1쇄 펴냄

지은이 | 우데카
펴낸이 | 가이아

펴낸곳 | 빛의 생명나무
등 록 | 2015년 8월 11일 제 2015-000028호
주 소 | 충북 청주시 청원구 직지대로 855 2층
전 화 | 043-223-7321
팩 스 | 043-223-7771

ISBN 979-11-956656-3-1 03200
* 잘못된 책은 바꾸어 드립니다. * 책값은 뒤표지에 있습니다.